Olliver Zobel

Anstöße

Olliver Zobel

Anstöße

Impulse für einen guten Tag

Fromm Verlag

Impressum / Imprint
Bibliografische Information der Deutschen Nationalbibliothek: Die Deutsche Nationalbibliothek verzeichnet diese Publikation in der Deutschen Nationalbibliografie; detaillierte bibliografische Daten sind im Internet über http://dnb.d-nb.de abrufbar.

Bibliographic information published by the Deutsche Nationalbibliothek: The Deutsche Nationalbibliothek lists this publication in the Deutsche Nationalbibliografie; detailed bibliographic data are available in the Internet at http://dnb.d-nb.de.

Coverbild / Cover image: www.ingimage.com

Verlag / Publisher:
Fromm Verlag
ist ein Imprint der / is a trademark of
OmniScriptum GmbH & Co. KG
Heinrich-Böcking-Str. 6-8, 66121 Saarbrücken, Deutschland / Germany
Email: info@frommverlag.de

Herstellung: siehe letzte Seite /
Printed at: see last page
ISBN: 978-3-8416-0405-7

Inhaltsverzeichnis

Einleitung

„Ich stelle mir immer den Radiowecker auf zehn vor sieben. Dann werde ich wache und höre gleich einen christlichen Gedankenanstoß für den Tag. Das tut gut und oft stehe ich dann mit frischen Mut auf“ – so ein Gemeindemitglied.

Die „Anstöße“ auf SWR1 und SWR4 laden die Menschen ein, im Alltagsstress kurz einmal inne zu halten und sich auf einen geistlichen Gedanken einzulassen. Sie sind etwas mehr als zwei Minuten lang und werden von ganz unterschiedlichen Autorinnen und Autoren gestaltet. Es sind Pfarrerinnen und Pfarrer aus dem Sendegebiet des SWR, die in der Gemeinde, aber auch in der Schule oder im Krankenhaus ihren Dienst tun.

Auch ich habe über mehrere Jahre die Anstöße gestaltet und aufgenommen. So ist ein bunter Reigen an kurzen Andachten entstanden, die ganz verschiedene Themen aufgenommen haben: Jahreszeitliche Themen, aber auch Erfahrungen, die ich im Alltag, besonders auf der Straße, gemacht habe.

Mit diesem kleinen Büchlein will ich sie noch einmal einem größeren Kreis von Leserinnen und Lesern zur Verfügungen stellen. Menschen, die einen kurzen Impuls für ihren Tag suchen, aber auch Kolleginnen und Kollegen, die Ideen für die unterschiedlichsten Situationen in der kirchlichen Arbeit benötigen.

Die einzelnen Anstöße sind in Zusammenarbeit mit Pfarrerin Anette Bassler entstanden, die als Rundfunkpfarrerin uns Autoren begleitet. Sie hat viel dazu beigetragen, dass die Gedanken kurz und prägnant geworden sind. Ihr an dieser Stelle ein herzliches Dankeschön.

Und so wünsche ich Ihnen nun viel Spaß beim Lesen der kurzen Texte. Vielleicht regt Sie ja der eine oder andere ein bisschen zum Weiterdenken an.

Pfarrer Olliver Zobel, Bingen

Strohsterne

Samstag, 05. Januar 2013

Strohsterne! Warum gerade Strohsterne am Weihnachtsbaum? Gibt es nicht prächtigeren Baumschmuck - Baumschmuck, der so richtig etwas her macht? Goldene Kugeln zum Beispiel, die funkeln und blitzen. Und doch hänge ich immer wieder Strohsterne in unseren Weihnachtsbaum - erinnern sie mich doch daran, dass Gott nicht nur das Besondere sucht. Gott freut sich auch über die einfachen Dinge und lächelt mir zu, wenn sie von Herzen kommen. Davon handelt eine Legende, in der sich auch alles um Strohsterne dreht:

Sie spielt in Bethlehem zur Zeit der Geburt Jesu. Als die Hirten sich zum Stall aufmachen wollen, wollen sie nicht mit leeren Händen dastehen. Und so sucht jeder von ihnen etwas, was er dem Neugeborenen mitbringen will. Der eine findet ein weiches Fell, der nächste einen guten Käse. Nur der kleine Hirtenjunge weiß nicht, was er dem Jesuskind mitbringen soll - er hat doch eigentlich nichts. Da fällt sein Blick auf den Boden und er sieht das Stroh vor seinen Füßen liegen. Ein paar der Strohhalme sehen aus wie ein Stern. Und so bückt sich der kleine Hirtenjunge, nimmt einige Halme und bastelt daraus den ersten Strohstern.

Als die Hirten zur Krippe gekommen sind, bleiben sie erst einmal sprachlos stehen, dann übergeben sie Maria und Josef ihre Geschenke. Der kleine Hirtenjunge schaut auf seinen Stern und denkt: Was ist so ein Strohstern im Vergleich zu einem Lammfell! Aber dann ist er auch an der Reihe und überreicht mit zitternden Fingern seinen Stern. Als das Jesuskind den Stern sieht, lächelt es den kleinen Hirtenjungen an.

Gewiss, das ist nur eine Legende. Aber sie gefällt mir, weil da etwas Wahres drin steckt. Gott reicht es, wenn du dich mit deinen Möglichkeiten einbringst, will sie sagen - mit den Dingen, die du kannst. Es braucht nicht die große Weihnachtsspende, du musst nicht auf der Liste der Spender in der Zeitung erscheinen. Gott freut sich auch über das Wenige, dass ich gerne gebe. Wenn ich zum Beispiel meinem Nachbarn ein paar Plätzchen vorbeibringe, dem es -

warum auch immer - gerade mal nicht so gut geht. Vielleicht sollte ich noch einen Strohstern dazu tun.

Der Mensch sieht, was vor Augen ist, Gott aber sieht das Herz an

Freitag, 04. Januar 2013

Grau und unscheinbar sieht der Stein aus, der bei einem Freund auf dem Schreibtisch liegt. Was der da bloß soll? Mein Freund schmunzelt: „Schau ihn Dir doch einmal genauer an". Als ich ihn in die Hand nehme, zerfällt er in zwei Hälften und ich bin fasziniert: Da strahlen und leuchten tiefrote Kristalle auf - wer hätte das gedacht!

„Mich erinnert dieser Stein an eine Geschichte aus der Bibel", erklärt mir mein Freund. „Samuel, ein Prophet Gottes, soll einen König salben. Er soll aus der Familie Isai stammen, die in Bethlehem lebt. Samuel macht sich auf den Weg. Bald ist er bei Isai angekommen und Isai stellt ihm seine Söhne vor. Samuels Blick fällt sofort auf den ältesten Sohn, ein stattlicher Mann - den kann er sich gut als König vorstellen. Doch da hört er Gott reden: Lass Dich nicht von seinem Äußeren täuschen, er wäre kein guter König.

Nach und nach treten auch all die anderen vor Samuel hin, doch keinen erwählt Gott. Schließlich ist nur noch einer übrig, der Jüngste, der, der die Schafe hütet. Isai lässt ihn holen. Und tatsächlich, er ist es, den Gott auserwählt hat. Und warum? ‚Der Mensch sieht, was vor Augen ist, Gott aber sieht das Herz an'.

„Mir geht es oft so wie Samuel. Ich schaue erst mal nur auf das Äußere eines Menschen“, fährt mein Freund fort. „Und dabei habe ich mich so manches Mal schon ziemlich getäuscht. Wie oft habe ich den wahren Schatz eines Menschen erst entdeckt, wenn ich ihn näher kennen gelernt habe." Deshalb also liegt dieser graue Stein bei meinem Freund auf dem Schreibtisch. Er erinnert ihn daran, ein bisschen vorsichtig umzugehen mit dem ersten Augenschein.

Die Geschichte tröstet mich aber auch. Sie sagt mir: Gott begnügt sich nicht mit dem äußeren Augenschein. Er sieht den ganzen Menschen: mit seiner äußeren Erscheinung und den inneren Werten. Gott will auch Ihnen und mir ins Herz schauen und vielleicht entdeckt er dabei viel mehr Schätze in uns, als wir ahnen.

Die Milchgrotte in Bethlehem

Donnerstag, 03. Januar 2013

Es ist mal wieder voll in Bethlehem. Viele Menschen besuchen auch in diesem Jahr wieder die Stadt. Und so stehen sie dicht gedrängt in der Geburtsgrotte vor dem silbernen Stern. Hier also soll es gewesen sein. Hier soll Jesus geboren sein. Ein paar Meter weiter soll die Futterkrippe gestanden haben, in die sie das Christuskind gelegt haben. Es gibt sogar eine Milchgrotte, in der Maria den Sohn Gottes gestillt haben soll.

Vielleicht fragen Sie sich auch: Ist das nicht alles religiöser Firlefanz? Wozu sollen die gut sein, diese so genannten historischen Stätten im Heiligen Land? Historisch beweisen kann man sie doch eh nicht und die Vorstellung einer Milchgrotte mit einer stillenden Maria mag vielleicht richtig sein, aber ist die nicht einfach nur kitschig?

Ich kann Ihre Skepsis gut verstehen. Auch mich irritieren manchmal Menschen, die von einer heiligen Stätte zur nächsten pilgern und hoffen, dadurch Gott näher zu kommen. Und doch glaube ich: Es braucht diese Stätten. Jesus ist ja keine Fantasiegestalt, es hat ihn wirklich gegeben. Dort im Heiligen Land ist er geboren worden und gestorben. Deshalb muss es auch Orte geben, wo man Spuren von ihm finden kann.

Mir ist das wichtig, diesen Spuren nachzugehen, weil ich glaube, dass Gott in diesem Menschen Jesus ein Gesicht und eine Gestalt bekommen hat. Dass Gott uns in ihm ganz nah gekommen ist. Und deshalb sind die Stätten in Israel und Palästina, wo er war, eben heilige Stätten.

Wer an diesen Jesus Christus glaubt, der glaubt zugleich an einen Gott, der das menschliche Leben geteilt hat, der genau wie wir als Baby auf die Welt gekommen ist. Seine Eltern mussten sich um ihn kümmern, wie unsere Eltern. Und Maria wird ihn gestillt haben. Mir hilft diese Vorstellung, wenn ich mich Gott mit meinen Sorgen anvertraue. Wenn sein Sohn einer von uns war, dann ist ihm mein Leben nicht so fern.
Als ich in der Geburtsgrotte von Bethlehem vor dem silbernen Stern stand, habe ich mich Gott nicht näher gefühlt. Aber ich war Gott dankbar, dass er einer von uns geworden ist und dass wir seine Spuren in unserer Welt finden können.

Wer aufhört zu träumen, hört auf zu leben

Samstag, 21. Juli 2012

„Nur wer träumt, steht mit beiden Beinen mitten im Leben" - so lautet ein altes Sprichwort. Na klar, wer Träume hat, hat Hoffnung. Und wer Hoffnung hat, schaut nach vorne, beginnt seinen Tag fröhlich und hat oft ein frohes Lied auf den Lippen. Träume gehören zum Leben, wie die Luft zum Atmen.
„Träume sind Schäume" - so lautet ein anderes Sprichwort. Passt das nicht viel mehr zu meinem Alltag? Denn wie viele Träume haben sich nicht oder noch nicht erfüllt. Wo ist sie, die wunderbare Zukunft, die ich mir erträumt habe? Was von all dem hat sich schon erfüllt? Sollte ich nicht doch lieber mit dem Träumen aufhören?
Dann lese ich von Josef, einem alten Träumer in der Bibel. Er träumt davon, einmal eine wichtige Person zu sein, Macht zu haben und Verantwortung für andere zu tragen. Er ist so überzeugt von diesen Träumen, dass er sich jetzt schon mächtig fühlt. Aber das ärgert seine Brüder und sie verkaufen ihn als Sklaven nach Ägypten. Seine Träume scheinen ausgeträumt. Doch es sind wieder Träume, die ihn retten. Es sind die Träume des Pharao. Denn der Pharao versteht seine Träume nicht und bekommt einen großen Schrecken. Doch Josef weiß, welche Wahrheit in diesen Träumen steckt und was zu tun ist. Aus

Dankbarkeit für diese wunderbare Botschaft ernennt der Pharao Josef zu seinem Verwalter. Und auf einmal erfüllen sich auch seine ursprünglichen Träume von Macht und Verantwortung.

„Nur wer träumt, steht mit beiden Beinen mitten im Leben" - Josef hat weiter geträumt und nicht aufgegeben.

Vielleicht weil er an einen Gott glaubt, der auch ein großer Träumer ist. Auch heute träumt Gott von Frieden und Gerechtigkeit, von Freiheit und Gleichheit, von Liebe und Barmherzigkeit unter den Menschen. Gott verbindet unser alltägliches Leben mit seinen großen Visionen. In unseren Träumen leuchten sie auf.

Deshalb glaube ich: Gott möchte auch heute mit uns träumen. Von einer besseren Welt, von einem besseren Leben. Warum nur an dem kleben, was nun mal so ist? Wir können unsere Gedanken hinauswandern lassen - über die Grenzen und Ernüchterungen der Gegenwart. „Hör nicht auf zu träumen und lebe Deinen Traum", das ist Gottes Wunsch an uns für den heutigen Tag.

Begrenzte Freiheit

Freitag, 20. Juli 2012

Ins Meer eintauchen, sich von den Wellen tragen lassen. Ich finde das herrlich. Vielleicht erinnern Sie sich ja auch an so ein Gefühl von Ihrem letzten Strandurlaub. Vielleicht freuen Sie sich auch noch auf dieses Gefühl, denn der Urlaub liegt noch vor ihnen. Diese Weite, diese Freiheit!

Dietrich Bonhoeffer, der Pfarrer und Widerstandskämpfer im Dritten Reich, hat das auch erlebt. Er erinnert sich an einen Tag am Strand. Das Wasser der Ostsee ist kalt - es prickelt auf seiner Haut. Dann treibt er rücklings auf dem Wasser, schaut in den Himmel und genießt dieses Gefühl von Freiheit. Doch bald merkt er, dass ihn die Strömung erfasst. Er fängt an zu schwimmen, kämpft gegen die Strömung und weiß doch schnell, dass sie stärker ist. Also hört er auf zu schwimmen, stellt sich hin und watet zu Fuß wieder zurück zum Strand.

Am 20. Juli 1944, also heute vor 68 Jahren ist das Attentat gegen Hitler gescheitert. In der Folge ist Bonhoeffer mit anderen Mitgliedern der Gruppe um Stauffenberg verhaftet worden. Und nun sitzt er in seiner Zelle und erinnert sich an diesen einen Tag der Freiheit, als er in der Ostsee geschwommen ist. Er erinnert sich an diese Weite, diese Freiheit, die ihm jetzt genommen ist. Und trotzdem wird dieser Tag an der Ostsee für ihn zum Sinnbild für sein Leben. Bonhoeffer hat die Freiheit geliebt. Sein Leben und Wirken wollte er ganz in den Dienst dieser Freiheit stellen. Eine Freiheit, die er nur von Gott her verstehen kann und will. Weil Gott der feste Boden unter seinen Füßen ist. Wie damals in der Ostsee, als die Strömung ihn ins offene Meer und in den Tod hinausziehen wollte.

Dietrich Bonhoeffer hat sich in seiner Gefangenschaft stets ein Stück seiner Freiheit bewahrt. Aufrecht sei er immer wieder aus seiner Zelle getreten und die Wärter hätten in großem Respekt von ihm gesprochen.

In Allem wusste er sich getragen und gehalten von dem allmächtigen und barmherzigen Gott. Ein Gott, der mir festen Boden unter den Füßen schenkt. Ein Gott, der für mich da ist, so dass ich mich auch einmal im Leben einfach nur treiben lassen kann. Ein Gott, der zu mir sagt, Du bist mein Kind. Und so hält er in einer Schlusszeile seines Gedichtes aus der Gefangenschaft fest: Dein bin ich, oh Gott.

GPS-Gott positioniert sich

Donnerstag, 19. Juli 2012

Haben Sie auch einen Navi mit GPS in ihrem Auto? Ein Navigationssystem mit dem Global-Positioning-System - eben kurz GPS. Eine moderne Erfindung, die einem schnell weiter hilft, sich auf den Straßen zurechtzufinden.

In der Bibel entdecke ich, dass GPS nicht nur eine Erfindung unserer Tage ist. GPS gibt es schon seit hunderten von Jahren, ich muss das Kürzel nur anders auflösen: GPS - Gott positioniert sich. Das heißt: Gott bezieht Stellung. Er will nicht mal hier, mal da sein. Er will ein Fixpunkt im Leben sein. Er redet nicht

larifari. Er hat einen klaren Standpunkt. Man kann sich darauf verlassen: Was Gott gesagt hat, das gilt. In vielen Geschichten der Bibel können wir das nachlesen. Gott positioniert sich an der Seite der Menschen. Vorzugsweise dann, wenn sie Hilfe brauchen und nicht wissen, wo es langgeht.
Das zu wissen, tut mir gut. Vor allem dann, wenn ich mich verfahren oder gar in etwas verrannt habe. Oder wenn ich nicht weiß, ob das noch der richtig Weg ist. Schon auf der Straße ist das ein blödes Gefühl - wenn man sich in einer fremden Stadt verfranzt hat. Noch viel mehr ist es das im Leben. So ein Lebensnavi hilft dann sicher weiter. Mit GPS- Gott positioniert sich. Nachzulesen in der Bibel.
Zum Beispiel Abraham, seine Geschichte steht in den ersten Kapiteln der Bibel. Als Abraham sich vor bald 3000 Jahren auf den Weg macht um eine neue Heimat zu suchen, da warten viele Herausforderungen auf ihn. Umwege, Hungersnöte, Streitereien- und dabei trägt er noch die Verantwortung für all die Menschen, die mit ihm unterwegs sind. Aber Gott hat zu ihm gesagt: „Ich bin mit Dir -ich werde für dich da sein." Da hat sich Gott eindeutig positioniert. Und das hat er auch gehalten. Am Ende schaut Abraham dankbar auf sein Leben zurück - alt und lebenssatt.
GPS - Gott positioniert sich. Auch heute. Auch in meinem und in Ihrem Leben. Das ist spannend. Ich kann es im Lauf des Lebens immer mehr entdecken. Am Anfang, in der Taufe wird es mir versprochen. Und im späteren Leben darf ich mich immer wieder daran erinnern: „Ich bin mit Dir", sagt Gott, „vor allem, wenn du mal wieder nicht genau weißt, wo es hingehen soll mit dir."

„Meine Hände“

Mittwoch, 23. Mai 2012

Hände aus der Tasche nehmen, Hände in den Schoss legen, Hände von Zeit zu Zeit falten. Zu dem Ergebnis ist der Theologe Karl Barth gekommen. Er hat sich seine Hände angeschaut und gefragt: Was mache ich eigentlich mit

ihnen? Was sollte ich mit meinen Händen machen? Was macht Sinn? Seine Antwort lautet schlicht: Im Leben gilt, Hände aus der Tasche nehmen, Hände in den Schoss legen, Hände von Zeit zu Zeit falten.
Der erste Punkt ist klar: Man muss das Leben anpacken. Also Hände aus der Tasche, Ärmel hochgekrempelt und die Dinge angehen. Karl Barth lebt während der Nazizeit. Er kämpft gegen die Überheblichkeit der Parteiideologen und dass sie die Kirche manipulieren wollen. Deshalb verfasst er mit anderen ein wichtiges Bekenntnis gegen die Nazis und unterstützt die Kirche, wo sie im Widerstand arbeitet.
Doch so sehr Karl Barth für ein aktives Leben eintritt, so weiß er auch: nur Powern führt dazu, dass man bald ausgepowert und ausgebrannt ist. Deshalb muss man die Hände auch mal in den Schoß legen können, mal Arbeit Arbeit sein lassen, den Feierabend genießen. Schließlich hat sogar Gott nicht nur geschafft, sondern auch ausgeruht am siebten Tag, als die Welt fertig war. Deshalb darf auch ich regelmäßig die Hände in den Schoß legen, mindestens einmal die Woche.
Hände aus der Tasche nehmen und Hände in den Schoss legen, das ist der Rhythmus. Und dann gibt's noch ein Drittes: Hände ab und zu mal falten, also zu Gott beten. Warum? Wenn ich bete, dann spüre ich, dass ich in einen größeren Zusammenhang eingebunden bin. Es gibt mehr als Arbeiten und Ausruhen. Schuften und schlafen. Leben ist ein wunderbares Geschenk. Ich habe Hände! Und mit denen kann ich eine ganze Menge bewegen. Was für eine Möglichkeit. Und das ist nicht selbstverständlich. Wenn ich die Hände falte, gebe ich zu, dass ich Grenzen habe. Und dass nicht alles an mir hängt und von mir kommt.
Im Leben gilt, Hände aus der Tasche nehmen, Hände in den Schoss legen, Hände von Zeit zu Zeit falten. Ziemlich alt, die Gedanken von Karl Barth, und doch leuchten sie mir heute immer noch ein. Leben ist gar nicht so kompliziert, wenn man aufs Gleichgewicht achtet. Arbeiten, ausruhen, beten. So einfach.

„Erst einmal drücken“

Dienstag, 22. Mai 2012

Heute hat er die Mathearbeit zurückbekommen, geht es der Mutter durch den Kopf. Was hat sie mit ihrem Sohn auf diese Arbeit gelernt. Und so öffnet sie erwartungsvoll die Tür. „Na, was hast Du in der Arbeit", platzt es aus ihr heraus. Schweigen. Dann leise „Erst einmal drücken". Und schon liegt der große Sohn seiner Mutter in den Armen. Und sie - sie drückt ihn fest an sich.

Danach haben sie sich die Mathearbeit in Ruhe angeschaut. Er hat sie gründlich verhauen. Da liegt noch ein gutes Stück Arbeit vor ihnen. Doch der Sohn weiß, dass er sich auch nach dieser 5 auf seine Mutter verlassen kann. Sie will sich mit ihm der Herausforderung stellen. Sie steht zu ihm und hat ihn lieb.

An der Aufgabe gescheitert- das passiert nicht nur in der Schulzeit. Was ist bei mir nicht alles schon schief gegangen. Aber Gott sei Dank, waren da immer wieder Leute, die mich erst einmal in den Arm genommen haben. Sie haben mir Mut gemacht. Und so ging es weiter.

Und ich glaube, genau so muss man sich Gott vorstellen. Wie eine Mutter, wie ein Vater, der dich erst einmal drückt und tröstet, wenn etwas schief gegangen ist. Trotz Mühe und Anstrengung. Gott begleitet dich, will dir immer wieder Mut machen. „Gib nicht auf. Versuchs noch mal."

Jesus beschreibt das wunderbar in einem Gleichnis. Ein Vater muss seinen Sohn in die Fremde ziehen lassen. Der Sohn hat sein Erbe eingefordert, will in die weite Welt hinaus. Und der Vater lässt ihn ziehen. In der Welt bringt er dann sein Erbe durch, am Ende sitzt er als Schweinehirte mitten im Dreck. Da erinnert er sich an seinen Vater und begibt sich auf den Nachhauseweg. Und was macht der Vater? Er hält ihm keine Gardinenpredigt. Er läuft ihm entgegen, nimmt ihn in den Arm und drückt ihn. So will Gott mit mir, mit uns Menschen umgehen.

„Erst einmal drücken", darum darf ich Gott bitten und spüren, dass er an meiner Seite ist. Er lässt mich nicht fallen, wenn mir etwas danebengeht. „Erst einmal drücken", darum darf ich Gott bitten, wenn mir mal wieder etwas über den Kopf gewachsen ist. Und dann bespreche ich mit ihm meine Situation. Und dabei habe ich oft neuen Mut und neue Kraft - und manchmal auch die Lösung für ein Problem gefunden.

Die Schlange beim Kopf fassen

Montag, 21. Mai 2012

Wie das Kaninchen vor der Schlange - so habe ich mich schon oft gefühlt. Wenn die Woche wieder beginnt und sich auf dem Schreitisch all die Arbeit stapelt. Wo soll ich anfangen, was ist am wichtigsten, was kann liegen bleiben, was können auch andere machen - Fragen über Fragen, die entschieden werden müssen. Doch ich starre nur auf den Berg der Aufgaben und komme nicht voran.

Dabei weiß ich ja: Ich bin kein Kaninchen. Und mein Problem fühlt sich zwar an wie eine Schlange, ist es aber nicht. Außerdem: Kein Problem wird dadurch gelöst, dass man wie hypnotisiert davor stehen bleibt. Schlangen und Probleme muss man beherzt am Kopf packen. Dann kann man sie überwinden.

Auch Mose - ein großer Anführer der Israeliten - musste das erst einmal lernen. Die Bibel erzählt, dass Gott ihm eine große Aufgabe überträgt. Er soll sein Volk in die Freiheit führen. Aber Mose hat Angst. Ein Problem nach dem anderen fällt ihm ein. Wie soll er das machen? Menschen führen und überzeugen? Wo er doch überhaupt kein guter Redner ist. Nein, nein, lieber nicht.

Lieber nicht, denken auch sie sich vielleicht, wenn es gilt am Arbeitsplatz oder in der Gesellschaft neue Verantwortung zu übernehmen. Gesucht wird eine, die auf dem 50. Geburtstag die Rede für die Belegschaft hält. Gesucht wird einer, der die Elternschaft der Klasse vertreten soll. Warum gerade ich, andere können das doch viel besser. Lieber nicht, auch wenn ich doch tief in mir weiß, dass ich das könnte.

Und was macht Gott mit so einem Angsthasen wie Mose? Der vor seinem Problem erstarrt? Er verpasst ihm eine kleine Schocktherapie.

„Wirf Deinen Stab auf die Erde", sagt Gott zu Mose. Mose wirft den Stab hin, aber als er auf die Erde fällt, verwandelt er sich in eine Schlange. Mose schrickt zurück - genau so, wie er vor der Herausforderung Gottes zurückschreckt. „Und nun pack die Schlange am Kopf", fordert Gott ihn auf. Widerwillig greift Mose schließlich zu, packt die Schlange beherzt am Kopf und sie verwandelt sich wieder in seinen Stab.

So einfach geht das manchmal. Nicht nur mit Schlangen. Auch mit Sorgen und Problemen. Ein beherzter Griff, ein Schritt nach vorne und das Problem verliert seine Schrecken. Nur Mut! Das ist die Botschaft Gottes für den heutigen Tag.

Nur nicht den Mut verlieren

Samstag, 03. März 2012

Es gibt da einen Bockwurst-Verkäufer in New York mit einer etwas tragischen Geschichte. Sie spielt mitten in diesen Zeiten des wirtschaftlichen Auf und Ab. Sie fordert mich heraus, frohen Mutes weiterzumachen, auch wenn die großen Wirtschaftsweisen wieder einmal alles rabenschwarz sehen. Warum nicht einfach einmal auf das gute Bauchgefühl mit einem guten Schuss Gottvertrauen hören.

Dieser Würstchenverkäufer in New York also macht die besten Bockwürstchen in seinem Viertel. Die Leute kommen gerne zu ihm und das Geschäft läuft gut. Er stellt Plakate auf, ordert bald größere Mengen an Würsten und Brötchen. Das Geschäft brummt.

So gut er als Bockwurst-Verkäufer auch ist, so ungern beschäftigt er sich mit dem, was um ihn herum passiert. Er liest keine Zeitung, er hat den Tag über kein Radio laufen und schaut auch kaum Fernsehen. Er lebt eben für seine Würstchen.

Doch nun stellt sich die Frage, ob er nicht eine zweite Wurstkarre anschaffen soll. Der Bockwurst-Verkäufer zögert, „Mein Sohn hat doch an der Universität Wirtschaft studiert", fällt ihm ein, „der wird es wissen."

Noch am selben Abend greift er zum Telefonhörer und ruft ihn an. „Bist Du wahnsinnig", meint der Sohn, „uns geht es wirtschaftlich doch schlecht, die Wirtschaft ist mitten in einer Rezession, wer weiß, wie das endet. Und da willst Du eine zweite Wurstkarre anschaffen. Mach das bloß nicht."
Der Würstchenverkäufer denkt sich: Das ist mein Sohn, der hat studiert, der muss es wissen. Also kauft er keinen neuen Wurstkarren. Warum soll er dann aber noch Plakate aufstellen? Bald bestellt er kleinere Mengen - man kann ja nie wissen. Vor lauter Angst vor einer Rezession verliert er mehr und mehr die Freude an seinem Beruf. Die Leute spüren das und bleiben weg. Nach einigen Monaten ist er pleite und muss seine Würstchenbude zumachen. Hat sein Sohn doch recht gehabt?
Manchmal habe ich den Eindruck, vielen geht es heute ähnlich wie dem Würstchenverkäufer. Sie wissen nicht, was sie tun sollen, verlassen sich auf Experten und sind am Ende enttäuscht. Was sollen wir tun in diesen unsicheren Zeiten? Martin Luther hätte dem Würstchenverkäufer einen anderen Rat gegeben. Luthers Motto war nämlich: „Selbst wenn ich wüsste, dass morgen die Welt untergeht, so würde ich heute noch ein Apfelbäumchen pflanzen".

Glaubensoptimist

Freitag, 02. März 2012

Optimisten leben länger und führen ein gesünderes Leben - so jedenfalls das Ergebnis eines Leitartikels in einer großen Zeitschrift. Und ihre Gründe leuchten ein: Da ein Optimist Hoffnung für die Zukunft hat, versucht er heute alles zu tun, um diese Zukunft genießen zu können. Er geht die anstehenden Aufgaben an, er geht zum Arzt und hält sich an dessen Ratschläge. Und wenn es mal nicht so läuft, steckt er den Kopf nicht in den Sand, sondern sagt sich: „Es kann nur besser werden", und macht weiter. Und so kommt es wohl, dass Optimisten gesünder und damit auch länger leben.
Nur einen Nachteil hat diese Haltung. Optimisten verschließen manchmal einfach ihre Augen, wenn sich Dinge verändern. Sie halten an ihren Ideen

fest, weil sie eine rosarote Brille aufhaben. So haben zum Beispiel optimistische Firmengründer oft doppelt so viele Schulden wie pessimistische Chefs. Optimisten haben also auch ihre Achillesferse.

Eine Antwort bleiben die Forscher jedoch schuldig. Die Antwort auf die Frage, wie man Optimist wird. Woher ein Optimist seine Hoffnung nimmt.

Als Optimist wird man wohl geboren, vielleicht auch ein bisschen erzogen. Da kann man wenig dran ändern, so die Untersuchung. Das aber ist - offen gesagt - für mich ziemlich pessimistisch.

Ich meine, Optimismus kann man lernen. Und Gott hilft dabei. Gott selber ist nämlich ein Optimist. Er hat eine große Vision, dass die Welt heil werden kann und – ja, einfach optimal. Und wie das geht, erfahren wir in den Geschichten von Jesus Christus. Was er gesagt, wie er gelebt hat. Wenn wir uns die einmal näher anschauen, können wir Hoffnung lernen, oder besser: von seinem Optimismus angesteckt und inspiriert werden.

Das Wunderbare an Jesu Optimismus ist: er kommt ohne die Farbe Rosarot aus. Jesus sieht die Welt ganz nüchtern. Er erinnert uns im Johannesevangelium daran: In der Welt habt ihr Angst - Sorgen und Ängste gehören zum Leben dazu, doch Gott hat diese Ängste überwunden, d.h. Sorgen und Ängste werden einmal ein Ende haben.

Jesus ist ja auferstanden. Und er lebt in unserem Optimismus weiter und ist uns darin zugleich weit voraus. Vielleicht könnte man Jesu Optimismus so zusammenfassen: Am Ende wird alles gut. Und wenn es noch nicht gut ist, dann ist es auch nicht das Ende.

Glaubens-TÜV

Donnerstag, 01. März 2012

Waren Sie mit Ihrem Glauben schon einmal beim TÜV? Beim Auto steht er regelmäßig an - der TÜV. Alle zwei Jahre geht es zum Technischen-Überwachungs-Verein. Dann wird geschaut, ob die Bremsen noch funktionieren, alle Lichter gehen und die tragenden Teile im Auto nicht durchgerostet sind. Noch ein Blick auf das Warndreieck und den Verbandskasten und dann noch die neue Plakette auf's Nummernschild - fertig. Nun kann ich wieder zwei Jahre ordentlich Gas geben, mein Auto ist o.k. und ich fahre mit einem guten Gefühl nach Hause - aber einen Glaubens-TÜV, wo sollte sich der denn finden?

Dabei täte es meiner Beziehung zu Gott sicher auch einmal gut, so richtig durchgecheckt zu werden. Schließlich stellt das Leben diese Beziehung immer wieder vor neue Belastungsproben: Große Erfolge und Glücksmomente- was machen sie aus meiner Beziehung zu Gott? Oder Enttäuschungen und Herausforderungen? Und dann wäre da ja noch der alltägliche Verschleiß, wenn das Leben so dahinplätschert. Das alles macht etwas mit meinem Glauben.

Und der ist ja am deutlichsten gefragt, wenn es hart auf hart kommt. Wenn ich mächtig auf die Bremse treten muss, um nicht aus der Lebenskurve zu fliegen. Wenn zum Beispiel eine Krankheit alle Pläne über den Haufen wirft. Wäre da nicht eine Glaubens-TÜV-Plakette super - sozusagen amtlich bestätigt: Wenn es dicke kommt, dann hält meine Beziehung zu Gott. Weil sie einfach da ist, auch wenn ich sie nicht täglich so sicher spüre.

Kurzum: wie kann ich meinen Glauben checken? Dieses unfassbare Geschenk Gottes. Diese Gewissheit, dass Leben mehr ist als Leistung. Und dass es mich auch dann noch gibt, wenn ich nicht funktioniere.

Jetzt in der Passionszeit ist dazu reichlich Gelegenheit. Passionszeit ist ja Vorbereitungszeit auf Ostern - eine Zeit, in der ich bewusst auf das eine oder andere verzichte. Um einfach mal zu checken: Was macht das mit mir? Was macht das mit meiner Beziehung zu Gott? Da kann ich spüren, wie er mich trägt, welche Rolle er in meinem Leben spielt, wo er mich heute noch verändert.

Wenn Sie das auch interessiert: Dann lesen sie doch mal wieder in der Bibel, unterstützt durch einen Fastenkalender. Oder besuchen Sie einen Gottesdienst oder eine Passionsandacht. Oft stehen die Zeiten in der Tageszeitung.

Und an Ostern geht es dann hoffentlich wieder mit neuem Schwung und voll Vertrauen auf die Lebensautobahn.

Stararchitekt

Mittwoch, 26. Oktober 2011

Ob es wohl möglich ist, einen Wolkenkratzer auf einem winzigen Grundstück zu bauen? So einen richtig hohen? Und ganz oben, auf der Spitze - ein Kraftwerk. Dann würde sich niemand über die Abgase beschweren. Es bräuchte dann nur noch Versorgungsleitungen bis zum Boden – naja und flexibel müsste er auch sein. Sonst hält er dem Wind nicht stand. Stattdessen sollte er sich vom Wind hin und her wiegen lassen. Ob sich wohl ein Architekt finden würde, der solch einen Wolkenkratzer bauen könnte - doch wahrscheinlich würden selbst die Stararchitekten dankend ablehnen - unmöglich.

Und doch gibt es solche Wolkenkratzer. OK, es sind vielleicht keine wirklichen Wolkenkratzer - nach unseren Maßstäben. Aber haben sie sich einmal einen Getreidehalm genauer angesehen? Auf einer kleinen Grundfläche wächst er imposant nach oben. Dort sitzt das Kraftwerk, das die Körner reifen lässt, verbunden mit dem Ackerboden. So kommt es an Wasser und Nährstoffe. Und der Halm wiegt sich im Wind und hält ihm so stand. Einfach nur genial.

Gerade in diesen Herbstwochen fallen mir solche Wunder der Natur wieder auf: Die wunderbaren Farben der Blätter und die vielen Früchte, die wir in den letzten Wochen ernten konnten - besonders die vollen Weintrauben, die die Winzer nun in ihren Kellern weiterverarbeiten. In diesem Jahr soll es ja mal wieder ein ganz besonderer Jahrgang werden. Doch alle Kellerkunst würde nichts nützen, wenn am Weinstock nicht die Trauben reifen könnten - auch so ein Wunderbauwerk.

Die Natur, Gottes Schöpfung ist doch etwas komplexer, etwas wunderbarer, als es auf den ersten Blick aussieht. Und wer sich die Zeit nimmt, einen zweiten Blick zu versuchen, wird aus dem Staunen kaum noch herauskommen.

Ein Grund für mich, nicht nur das Machbare in der Natur zu suchen, sondern ihr als Schöpfung Gottes mit Respekt zu begegnen. Ein Grund für mich, sorgsam mit der Natur umzugehen, da es eben nicht so leicht ist, sie zu reparieren oder gar ganz neu zu schaffen.

So genieße ich die letzten Herbsttage in diesem Jahr und bin Gott dankbar. Was hat er doch alles für wunderbare Dinge geschaffen. Imposant ragen sie empor und liefern uns dazu noch Nahrung und Freude - ich habe meinen Stararchitekten auf jeden Fall schon gefunden.

Geduld haben

Dienstag, 25. Oktober 2011

Stau, wohin das Auge reicht. Wer kennt das nicht. Da fährt man mit Schwung zum nächsten Termin, zur Arbeit und wird plötzlich ausgebremst. Das nervt und meine Geduld ist da schnell zu Ende.

Ich fahre dann lieber von der Autobahn runter, quäle mich mit dem Navi über Landstraßen, stehe vor roten Fußgängerampeln und vor geschlossenen Eisenbahnschranken. Schließlich fahre ich hinter dem Stau wieder auf die Autobahn und stehe vor einem LKW, den ich schon mal überholt habe. Meine Ungeduld hat nichts gebracht.

Geduldig sein, das fällt mir nicht leicht - nicht nur auf der Autobahn, auch im Alltagsgewimmel. Vor allem mit Leuten, die ein bisschen langsamer sind. Warum dauert das immer so lange, bis sie fertig sind? Warum sind die Probleme nicht schon längst gelöst? Geduld ist nicht so meine Sache.

„Es ist ein köstlich Ding, geduldig sein", so steht es in der Bibel. Das Lied stammt aus einer Zeit, als in Israel alles in Trümmern liegt. Die Hauptstadt Jerusalem ist zerstört. Kein Ende der Tragödie in Sicht. Da stimmen die Israeliten ein Klagelied an und singen: Es ist ein köstlich Ding, geduldig sein. Gerade in dieser Situation entdecken sie neu die Geduld, das Abwarten.

Allerdings geht der Satz noch weiter. Da heißt es: „Es ist ein köstlich Ding, geduldig sein und auf die Hilfe des HERRN hoffen". Beides gehört zusam-

men. Geduldig sein, Grenzen akzeptieren und darauf vertrauen, dass Gott die Dinge doch zum Guten führen will. Gott ist ja nicht fern. Gott ist da und er tut etwas. Ihm ist das Leben seiner Geschöpfe wertvoll - auch wenn es manchmal nicht so aussieht. Und so werden sich die Umstände wieder zum Guten verändern - mit ein bisschen Geduld.
Gewiss, ein Stau auf einer Autobahn ist nichts Tragisches - da gibt es viel Schlimmeres. Und doch kann man in einem Stau wunderbar einüben, geduldig zu werden: Mit Problemen, mit Menschen, mit allem, was sich in den Weg stellt. Vielleicht ist man am Ende sogar schneller am Ziel, wenn man nicht nervös auf Landstraßen ausweicht und Umwege sucht. Vielleicht bringt gerade Geduld am schnellsten und besten zum Ziel. Mit guter Musik im Radio und Gottes Hilfe.

Gott steht zu uns

Montag, 24. Oktober 2011

„Ungenügend" - mit roter Tinte steht die Note unter der Arbeit des Jungen. Dabei hat er sich doch solche Mühe gegeben. „Ungenügend - das kann ich meinen Eltern auf keinen Fall zeigen", denkt er sich, nimmt einen Stift und schreibt schnell den Namen seines Vaters unten ins Heft.
Wenige Tage später wird er zum Direktor gerufen. Sein Vater ist auch schon da. Das Arbeitsheft liegt auf dem Schreibtisch. Der Direktor zeigt dem Vater die Unterschrift.
Was wird der Vater tun? „Ja", beginnt er und schaut den Direktor an, „das war neulich morgens. Es musste ganz schnell gehen, und ich war noch ziemlich müde." Er schaut sich die Unterschrift - „seine" Unterschrift an und lächelt: „Besonders gelungen ist mir meine Unterschrift nicht." Der Junge schweigt und staunt. Am Abend haben Sohn und Vater noch lange miteinander geredet. Das war nicht angenehm für den Jungen. Aber eins wusste er jetzt: Sein Vater würde immer zu ihm stehen.

Was für ein Vater! Aber gibt es so einen Vater auch in echt? Ein Vater, der auch zu mir steht, wenn ich Fehler gemacht habe? Wenn ich ihn missachtet habe? Schwer vorzustellen. Und doch redet die Bibel immer wieder von Gott als solch einem Vater. Und um das zu verstehen, erzählt das Johannesevangelium folgende Geschichte.

Eine Frau wird vor Jesus gezerrt. Die Männer klagen sie an: Untreue, Ehebruch. Doch Jesus sitzt nur am Boden und schreibt im Sand. Die Männer werden immer lauter: „Sie ist schuldig." Da schaut Jesus kurz auf und sagt: „Wer unter euch ohne Sünde ist, der werfe den ersten Stein!" Nach und nach schleichen sich alle Ankläger weg.

Schließlich steht die Frau nur noch allein bei Jesus - was wird nun passieren? Wird er sie verurteilen? Jesus wendet sich ihr zu. „Wenn Dich die Männer nicht verurteilt haben, dann will ich es auch nicht tun. Geh hin und sündige hinfort nicht mehr."

Gibt es das also wirklich, dass ich noch einmal eine Chance bekomme, statt von anderen verurteilt zu werde? Das ich nicht für immer mit meiner Schuld leben muss? Ja, meint die Bibel.

Mit leichtem Gepäck

Sonntag, 23. Oktober 2011

Wie soll das alles bloß in den Koffer passen? Auf meinem Bett türmen sich all meine Sachen, die ich mit in den Urlaub nehmen will. Man weiß doch nie, wie das Wetter wird und was sich so ergibt. Vielleicht brauche ich auch Flossen und einen Anzug. Man sollte auf alles vorbereitet sein, hat mir meine Mutter immer eingeschärft. Aber wie soll das alles bloß in diesen Koffer passen? Und doch versuche ich es, ich packe und stopfe - irgendwie muss das doch klappen.

„Es ist schon verrückt, was ich alles mit mir herumschleppe", geht mir durch den Kopf. Wäre es nicht viel schöner, mit leichtem Gepäck unterwegs zu sein? Diese Frage klingt auch in einem Gespräch zwischen Jesus und einem jungen

Mann an. Der junge Mann würde am liebsten mit Jesus unterwegs sein. Aber er ist reich, sehr reich. Wohin mit seinem Reichtum, wenn er mit Jesus ziehen will? Jesus meint: „Verschenke Dein Geld an die Armen und dann komm mit uns". Wir reisen mit leichtem Gepäck, wir vertrauen darauf, dass Gott uns behütet auf unserem Weg. Alles, was wir zum Leben brauchen, wird uns zufallen, Gott wird für uns sorgen. Weil wir für die da sind, um die Gott sich Sorgen macht.
Doch den jungen Mann verlässt sein Mut. „All die Sicherheit aufgeben? Nein!" und so geht er weg. Jesus schaut ihm traurig hinterher. Wie gerne hätte er ihn mit dabei gehabt - mit leichtem Gepäck.
Mein vollgestopfter Koffer auf dem Bett erinnert mich an diese Geschichte von dem jungen Mann. Bin ich nicht vielleicht auch viel zu sehr auf Sicherheit aus? Was schleppe ich da nicht alles mit mir herum! Brauche ich das wirklich alles? Wäre es - bei allem Risiko - nicht ein Gewinn, mich von manchem zu verabschieden. Ich wäre offen für das, was kommt und mit leichterem Gepäck unterwegs.
Die Geschichte vom reichen jungen Mann regt mich dazu an, über das Bedürfnis nach Sicherheit nachzudenken. Wo ist es übertrieben? Wo behindert es und verstellt die Sicht auf Andere? Das braucht Mut - gewiss. Aber kann ich mit Gott an der Seite nicht auch einmal etwas riskieren?
Am Ende klappt es dann doch - der Koffer ist zu - allerdings ohne Flossen und Anzug. Im Urlaub muss ich eben nicht auf alles vorbereitet sein - wobei, nur im Urlaub?!

Spring doch

Samstag, 23. Juli 2011

„Springt doch", ruft ein Mann zu den Kindern. Sie stehen auf dem Startblock am Rand des Schwimmbeckens und zögern. Der Mann schwimmt zu ihnen und breitet die Arme im Wasser aus. Die beiden Kinder schauen sich an, eines springt, das andere klettert vom Startblock wieder herunter.

Warum nur eins? Na klar, es war sein Vater, der gerufen hat. Das Kind hat mit seinem Vater schon viel erlebt. Und es ist sicher, dass der Vater es auffangen wird und so springt es in seine Arme. Das andere Kind kennt den Mann nicht so gut und so wählt es lieber den anderen Weg.

Vater unser, so beginnt das Gebet, das Jesus uns hinterlassen hat. Gott ist wie ein Vater, hat Jesus gesagt. Ihr könnt ihm vertrauen. Doch wie kann das im Alltag aussehen? In unserer Kirchengemeinde musste zum Beispiel der Kindergarten saniert werden. Doch das Geld hatten wir noch nicht zusammen. Also noch warten oder doch schon mit dem Bau beginnen?

Kann ich auf Gott an solch einem Punkt vertrauen? Wird er mich auffangen, wenn es schief geht? Solche Fragen kann man nicht durch Nachdenken lösen. Man muss sich entscheiden: Für die Angst oder fürs Vertrauen. Und Jesus lädt zum Vertrauen ein: „Gott wird euch nicht fallen lassen. Er ist da für euch. Ihr könnt Erfahrungen mit ihm machen, Vertrauen kann wachsen."

So wie bei Petrus. Damals auf dem See Genezareth, als es sehr stürmisch war. Da riskiert Petrus etwas. Er will wie Jesus auf dem Wasser gehen. Jesus macht ihm Mut und so traut er sich. Er verlässt das sichere Boot - und versinkt nach ein paar Schritten erst einmal. Aber Jesus bringt ihn wieder sicher ins Boot zurück. Wenn auch mit schlotternden Knien und pudelnass. Aber gestärkt in seinem Vertrauen zu Gott.

Die Sanierung des Kindergartens in der Gemeinde war nach vielem Hin und Her eine finanzielle Punktlandung. Die letzten Gelder gingen erst nach der Einweihung der sanierten Räume ein. Doch die Kinder freuen sich, in den Räumen jetzt schon zu spielen. Das Springen hat sich gelohnt. Mein Vertrauen ist wieder ein Stückchen gewachsen. Vielleicht fällt es mir beim nächsten Mal leichter, einen Schritt weiter zu gehen und den Sprung zu wagen.

Dispatchwork - Bunte Steine in einer Betonmauer

Freitag, 22. Juli 2011

Bunt leuchten mir die Steine an der grauen Betonwand entgegen - kleine, farbige Legosteine. Sie füllen einen Riss, der sich mit der Zeit in der Wand gebildet hat. Eine kleine Abwechslung im grauen Alltag.

Doch dem Künstler Jan Vormann geht es nicht nur um ein paar Risse in der Wand. Er erinnert mit seinen kleinen Kunstwerken aus bunten Legosteinen an die vielen Risse, die es sonst noch gibt: wenn Menschen hungern, verfolgt oder unterdrückt werden.

Oft sehe ich zwar die Risse und die Probleme. Allerdings kremple ich dann nicht die Ärmel hoch. Ich rufe nach den anderen, dem Staat. Sie sollen sich um das Problem kümmern. Der Künstler hat das nicht getan. Mit seinen Kunstwerken ruft Jan Vormann mir zu: Übernimm selbst Verantwortung und schieb sie nicht auf die anderen oder den Staat ab.

Ich denke zum Beispiel an die Menschen in den Flüchtlingsbooten im Mittelmeer. Jetzt eben nicht nach dem Staat rufen, der unsere Grenzen besser schützen soll. Vielmehr gilt es den eigenen Lebensstil zu überdenken. Einfach zum Beispiel mehr Produkte kaufen, die fair gehandelt sind. Die sind zwar etwas teurer. Doch sie geben den Menschen in anderen Ländern Hoffnung und Zukunft. Und so steigen sie erst gar nicht in die kleinen Boote.

Jesus Christus hat immer wieder von einer neuen Welt geträumt. Und er hat fest damit gerechnet, dass es eines Tages Frieden und Gerechtigkeit gibt, dass die Risse zwischen den Menschen verschwinden. Doch dabei bleibt er nicht stehen - es reicht ihm nicht von einer großen zukünftigen Vision zu reden und auf Gott zu vertrauen. Ganz konkret macht er sich daran, die Risse in der Gesellschaft zu schließen. Er wendet sich denen zu, die am Rande der Gesellschaft stehen - Lazarus, dem Zöllner, zum Beispiel. Und er holt sie zurück in die Gemeinschaft - und schließt damit einen kleinen Riss.

Mit bunten Steinen hat der Künstler Jan Vormann schon weltweit manchen Riss gekittet. Er erinnert mich an meine Verantwortung: die große Vision von Frieden und Gerechtigkeit heute schon ein Stück weit Wirklichkeit werden zu lassen.

Blinker rechts

Donnerstag, 21. Juli 2011

Endlich ist die Baustelle zu Ende - und ich habe wieder freie Fahrt auf der Autobahn. Ich beschleunige, um endlich den Laster vor mir zu überholen. Blinker setzen und noch ein Blick in den Rückspiegel. Da sehe ich das andere Auto auf der linken Spur. Das wird knapp, der hat schon ein ganz schönes Tempo drauf - und, man kennt ja solche Autofahrer. Gleich wird er den Blinker links setzen und mich wahrscheinlich mit einer Lichthupe begrüßen, wenn ich rausziehe - ich zögere und schaue noch einmal in den Rückspiegel. Und tatsächlich - der Wagen hinter mir blinkt - aber er blinkt rechts. Er lässt mich rein, so dass ich den LKW überholen kann. Ich schere wieder auf die rechte Spur ein. Bald ist der Wagen an mir vorbei und in der Ferne verschwunden.
Zugegeben- Eine kleine Begebenheit auf der Autobahn. Aber mir ist sie im Gedächtnis geblieben. Es braucht gar nicht viel, Männern wie mir und vielleicht auch Frauen eine bisschen Freude zu machen. Den Fuß ein bisschen vom Gas nehmen und den Nächsten vorlassen.
Das gilt nicht nur auf der Autobahn - auch im richtigen Leben bin ich gerne auf der Überholspur unterwegs. Doch auch hier kann ich den Blinker mal rechts setzen und meinem Nächsten die Vorfahrt lassen. Wenn es z.B. um ein neues interessantes Projekt geht - oder schlicht nur am Kaffeeautomaten in der Kantine.
„Du sollst Deinen Nächsten lieben, wie Dich selbst", meint Jesus. Er denkt dabei sicher an einen Lebensstil, bei dem man nicht nur an sich denkt, sondern auch den anderen im Blick hat. Ein altes Gebot, dass Gott schon im Alten Testament den Menschen gegeben hat.

Ein schlichtes Gebot, dass mein Verhältnis zu den Menschen um mich herum verändert. Schließlich freue ich mich ja auch über so eine kleine Geste der Nächstenliebe.
Mit der Baustelle auf der Autobahn sind sie immer noch nicht fertig. Jedes Mal, wenn ich mich durch den Stau quäle, muss ich an den freundlichen Autofahrer denken, der mir die Vorfahrt gelassen hat.
Für mich - ein kleines Beispiel christlicher Nächstenliebe. Es macht mir Lust, anderen auch mal etwas Gutes zu tun, sie im Blick zu haben, den Fuß auch einmal vom Gas zu nehmen und ihnen den Vortritt zu lassen - nicht nur auf der Autobahn.

„Luftballontierchen"

Mittwoch, 02. März 2011

Dicht umdrängen die Kinder den Clown vor der Halle. Immer wieder bläst er einen der länglichen bunten Luftballons auf. „Ich will eine Blume", „Ich will auch so einen Hund", „Und ich ein Schwert", viele Kinder rufen durcheinander. Der Clown kommt langsam ins Schwitzen. Und doch bläst er einen Ballon nach dem anderen auf. Er verknotet sie quietschend und verschenkt Blumen, Hunde und noch vieles mehr an die Kinder. Glücklich gehen die dann in den Saal und die Kinderfastnacht kann beginnen.
Mit was für einfachen Dingen man doch Kinder glücklich machen kann, denke ich. Ein bisschen Gummi, ein bisschen Luft, eine Idee und ein paar Handgriffe und schon strahlen Kinderaugen. So ein Clown hat es doch leicht, denke ich mir.
Ich hab's da viel schwerer. Schließlich stehen mir die großen Dinge vor Augen: zum Beispiel unser Gemeindehaus. Es ist etwas in die Jahre gekommen. Wir heizen eigentlich mehr die Stadt als unsere Säle. Also sanieren, neue Fenster, neue Heizkörper, neue Türen - vielleicht noch eine Solaranlage aufs Dach. Und weil einige skeptisch sind, mache ich mir viel Arbeit, sitze nächte-

lang über dem Vortrag für die Gemeindeversammlung. Das muss einfach klappen.

Gott hat aber nicht nur die großen Berge geschaffen, sondern auch die kleinen Blüten auf den Zweigen. Nicht nur das Große ist schön und beeindruckend. Das Kleine ist genauso wichtig und macht ebenso das Leben aus.

Ein Kollege hat so einen wunderbaren Blick fürs Kleine. Auf seinem Schreibtisch liegt immer ein Stapel von Postkarten. Und wenn er sich über jemanden gefreut hat, dann schnappt er sich eine Karte und schreibt einen lieben Gruß.

Eigentlich eine Kleinigkeit: ein bisschen Papier, ein bisschen Farbe, ein lieber Gedanke und fünf Minuten Zeit - fertig. Damit hat er schon viele glücklich gemacht.

Fürs Erste habe ich mir solche länglichen Luftballons gekauft - und ein Buch. In dem steht, wie man diesem bisschen Gummi und Luft so ein buntes Gebilde schaffen kann. Und mit etwas Übung klappt es nun auch. Einige Kinder jedenfalls habe ich damit schon ein paar Mal glücklich gemacht. Vielleicht sollte ich mir als Nächstes einen Stapel Postkarten auf den Schreibtisch legen.

„Einmal im Leben durch Wuppertal schweben“

Dienstag, 01. März 2011

„Einmal im Leben durch Wuppertal schweben" - heute vor 110 Jahren wurde die Schwebebahn in Wuppertal eröffnet. Eine technische Meisterleistung, die einem mitten in der Großstadt ein ganz besonderes Erlebnis schenkt.

Als ich in Wuppertal studiert habe, bin ich deswegen gerne mit der Schwebebahn gefahren. In der Bahn schwebt man über der Stadt und ein bisschen über den Dingen. Die Menschen, die unten laufen, und die eigenen Probleme erscheinen von hier oben etwas kleiner.

Eine Geschichte in der Bibel beschreibt etwas Ähnliches: Einmal steigt Jesus mit seinen Jüngern auf den Berg Tabor in der galiläischen Ebene. Der Blick von dort oben ist unbeschreiblich. Die Dörfer mit ihren Alltagsproblemen liegen weit weg- ein Ort zum Tiefdurchatmen und zum Genießen.

Und hier oben, hier fühlt sich Jesus wohl, hier fühlt er sich Gott ganz besonders nah. Hier findet er den nötigen Abstand zu dem, was ihn belastet. Hier kann er Kraft und Mut finden für das, was vor ihm liegt. Auch Jesus braucht immer wieder solche Momente, erzählt die Bibel.

In Wuppertal haben die Leute solche Momente in ihrer Schwebebahn. Wir hier in Rheinhessen haben andere Orte. Ein Freund zum Beispiel joggt früh am Morgen auf den Rochusberg bei Bingen. Und wenn er dann von dort oben ins Rheintal schaut, fühlt er sich Gott ganz nah. Ein anderer Bekannter geht dazu lieber in die Kirche - am liebsten in eine leere Kirche mitten in der City. Da sitzt er einfach nur, hängt seinen Gedanken nach und spricht mit Gott.

Aber wie das mit so wunderbaren Momenten ist - sie hören alle irgendwann mal auf. Als Jesus mit seinen Jüngern auf dem Berg Tabor ist, wollen die dort nicht mehr runter. Die Jünger wollen eine Hütte bauen, wollen sich häuslich niederlassen. Aber Jesus ist Realist. Er will nicht flüchten. Sein Platz ist an der Seite der Menschen, die ihn brauchen. So geht es wieder hinab ins Tal.

Meine Fahrt mit der Schwebebahn über Wuppertal war schließlich irgendwann zu Ende. Dann bin ich ausgestiegen und habe mich meinen Aufgaben wieder gestellt. Allerdings mit dem Wissen, dass ich nicht nur einmal im Leben durch Wuppertal schweben werde.

„Lass es wachsen“

Montag, 28. Februar 2011

Hat Ihnen in den letzten Tagen auch der grüne Daumen gejuckt? Die ersten warmen Sonnenstrahlen wecken die Pflanzen aus ihrem Winterschlaf. Grüne Triebe schauen aus der Erde, das Leben erwacht wieder. Nichts wie raus.

Doch ich entdecke nicht nur die Triebe von Schneeglöckchen oder Narzissen. Nein, das Unkraut hat den Winter auch ganz gut überstanden. Also Gummistiefel an, Hacke in die Hand und dann nichts wie ran.

Als ich so im Beet knie, kommt mir eine biblische Geschichte in den Sinn: Ein Bauer hat Weizen gesät. Über Nacht streut ein anderer Unkrautsamen dazwi-

schen. Als nun beides aufgeht, fragen die Knechte: Sollen wir losziehen und das Unkraut ausreißen? Der Bauer bremst sie und sagt: Lasst beides wachsen, denn die Gefahr ist groß, dass ihr die guten Pflanzen verletzt. Wartet bis zur Ernte. Dann könnt ihr viel besser das Unkraut von dem Weizen trennen.
Ein hilfreicher Tipp - also jetzt nicht einfach loshacken ohne nachzudenken. Wie leicht könnte ich die guten Pflanzen verletzten. Und am Ende gäbe es keine schönen Blüten.
Doch die Geschichte ist mehr als nur ein guter Tipp für den Garten. Wenn ich zum Beispiel an meine Kinder denke. So viele Möglichkeiten haben sie im Leben. Und ich wünsche mir für sie, dass sie immer nur die guten Dinge wachsen lassen. Die anderen möchte ich ihnen am liebsten alle verbieten, einfach weg damit. Gerade neuere Erziehungsratgeber ermutigen mich dazu ja.
Aber wenn ich ständig nur Nein sage, gefährde ich meine Beziehung zu ihnen, ja beschädige sie. Das kann so weit gehen, dass sie sich innerlich von mir entfernen. Ja, ich kann sie sogar verlieren, obwohl ich doch eigentlich nur das Beste für sie wollte. „Lass es einfach wachsen", rät mir deshalb die Geschichte auch in diesem Fall. „Lass sie ruhig einmal abends spät ins Bett gehen und dann morgens früh verschlafen in die Schule trotten - auch wenn eine Klassenarbeit ansteht."
Als ich meine Hacke wieder in den Schuppen stelle, habe ich viele Beete vom Unkraut befreit. Doch an einigen Ecken habe ich das Unkraut bewusst stehen gelassen. Da kann beides ruhig noch etwas weiter wachsen. Später kann ich dann viel besser das Unkraut ausjäten. Und bis dahin freue ich mich an all dem frischen Grün in meinem Garten.

„Der nadelnde Tannenbaum“

Mittwoch, 24. November 2010

„Warum nadelt mein Tannenbaum nur immer so schnell?", wir sitzen zusammen und unterhalten uns bei einer der vielen gemütlichen Runden in der

Adventszeit. „Bei uns geht es gleich nach Weihnachten los. Und spätestens zu Silvester ist dann Schluss, der Weihnachtsbaum fliegt raus!"
Ich frage nach: „Wo kaufen sie denn ihren Weihnachtsbaum, welche Sorte nehmen sie?" Doch die Antwort zeigt mir schnell, daran kann es nicht liegen. Dann kommt mir noch eine Idee: „Wann kaufen sie ihn denn?" „Naja, immer Ende November und spätestens am 2. Advent steht er dann in unserer Wohnung, schön geschmückt mit Kugeln und Kerzen." Da ist er, der entscheidende Unterschied. Bei uns kommt der Weihnachtsbaum erst am Morgen des 24. Dezember ins Haus - das Schmücken mit den Kindern an diesem Tag ist ein festes Ritual.
„Ach, wissen sie", entgegnet da die Dame, „überall um mich herum ist es doch schon so weihnachtlich. Schauen Sie sich doch einmal um, überall stehen doch schon die geschmückten Weihnachtsbäume. In den Fußgängerzonen, in den Schulen, in den Geschäften - überall. Und dann kommt mir unsere Wohnung so kahl und leer vor."
Ich kann die Dame gut verstehen. Es fällt mir oft auch nicht leicht, mich diesem ganzen Weihnachtsrummel zu entziehen. Und doch beginnt Weihnachten erst am 24. Dezember. Davor ist Advent, Vorbereitungszeit, die Zeit alle Dinge zu erledigen und zu richten und sich auf Weihnachten zu freuen. Und am 24. wird dann mit frisch geschmücktem Weihnachtsbaum gefeiert.
Dann nadelt auch der Tannenbaum nicht so schnell. Er steht noch viele Wochen in unserem Wohnzimmer und erinnert mich an den Weihnachtsabend, an die frohe Botschaft Gottes, das Kind in der Krippe, seine Gegenwart unter uns und an die schönen Stunden mit meiner Familie und Freunden. Warten lohnt sich für mich, gerade in der Adventszeit. Denn dann kann ich die schönen Dinge auch länger genießen, gerade in den Tagen, in denen ich auch Zeit und Muße dafür habe.
Die Dame hat es dann mit einem etwas größeren Adventskranz probiert, der auch schon ein bisschen geschmückt war wie ein Weihnachtsbaum. So ganz

ohne geht es für sie nicht. Aber der Weihnachtsbaum stand dieses Mal in ihrer Wohnung bis weit in den Januar hinein.

„Das Märchen vom Besuch des Königs“

Dienstag, 23. November 2010

„Macht hoch die Tür, die Tor macht weit, es kommt der Herr, der Herrlichkeit, ein König aller Königreich". Kennen Sie das Lied? Mich sprechen die Strophen dieses Liedes jedes Jahr wieder neu an. Ein König kommt zu dir, heißt es da, Gott will zu mir kommen, als Kind, als Mensch, in der Krippe. Da kann ich nicht ruhig sitzen bleiben. Da will ich mich doch darauf vorbereiten, will dem König einen schönen Empfang bereiten. Und in den Adventswochen haben wir dazu Zeit. Das hört sich toll an - aber stimmt das wirklich? Habe ich wirklich Zeit dafür?

Mich hat folgende Geschichte nachdenklich gemacht: Da will ein König die Bürger seiner Stadt besuchen. Doch als er sich am Morgen mit seinem großen Gefolge aufmacht, erlebt er eine böse Überraschung. Das Stadttor steht zwar sperrangelweit offen, aber keine Menschenseele ist zu sehen. Was ist los, haben sie seinen Besuch vergessen oder noch schlimmer, bedeutet ihnen sein Besuch vielleicht gar nichts? Verkleidet als einfacher Wanderer betritt er schließlich die Stadt.

„Weg da", tönt es da gleich hinter ihm, und schon ist der Kutscher an ihm vorbei. „Entschuldigung", ruft ihm der König hinterher. Als nächstes muss er schnell zur Seite springen: Ein Schwall Putzwasser ergießt sich aus dem Fenster auf die Straße. „Pass halt auf", tönt es aus dem Haus. „Entschuldigung", entfährt es dem König erneut. Dann ist er am Markplatz. Und dort ist wirklich die Hölle los. Überall wird gehämmert und gekocht, der Chor und die Musiker proben, der Bürgermeister übt seine Begrüßung. Und immer wieder heißt es: „Achtung, Platz da, steh nicht im Weg, schnell, schnell!"

Traurig begibt sich der König auf den Heimweg, das hat er doch gar nicht so gewollt. Er wollte doch nur mit seinen Bürgern zusammen sein und feiern.

Am Anfang der Adventszeit erinnere mich gerne an diese Geschichte. Ich schaue in meinen Kalender auf all das, was ansteht. Und dann frage ich mich, ob das wirklich alles nötig ist, was ich mir für die nächsten vier Wochen vorgenommen habe. Und immer finde ich heraus, dass ich eigentlich das eine oder andere beruhigt streichen kann. Schließlich will ich doch mit dem König feiern und dazu braucht es eigentlich nur eins: „Macht hoch die Tür, die Tor macht weit."

„Der Adventskalender an der Türklinke“

Montag, 22. November 2010

„Bitte nicht stören" - Wer kennt sie nicht, diese kleinen Anhänger für die Türklinke. Im Hotel kann ich damit zeigen, dass ich ausschlafen will. Im Büro weisen sie auf Besprechungen oder intensive Arbeitsphasen hin. Aber es gibt auch einladende Schilder: „Komm doch rein - heute gut gelaunt".

Bei einem Kollegen habe ich im letzten Jahr ein ganz anderes Schild an der Tür entdeckt. Darauf: Eine Kerze, daneben ein kurzer Text mit Datum und darüber das Motto: Advent im Büro. Ich stutze, so ein Türschild habe ich so noch nirgends gesehen. Ich schaue genauer hin und merke: Das Türschild ist eins von vielen. Es ist Teil von einem Adventskalender. Nur eben nicht mit Schokolade, sondern mit Türschildern. Jeden Tag hängt er in den Adventswochen ein neues Schild an die Tür.

Ich frage nach und schnell entsteht ein Gespräch über Weihnachten und die Adventszeit. Ich spüre, wie er sich auf Weihnachten freut; für ihn ist es das schönste Fest im Jahr. Die schönen Lieder, der Duft des Tannenbaums, das Zusammensein in der Familie. Vor allem aber bewegt ihn der Grund dieses Festes: „Gott wird Mensch in einem Kind und kommt mir ganz nah."

Was für eine Wertschätzung! Das heißt doch: Ich bin Gott so wichtig, dass ER meine Nähe sucht, als Kind in der Krippe und in der Begegnung mit allen Menschen, die wie ich an diesen Gott glauben. Was für eine Herausforderung ist das. Ich kann und soll auch anderen Menschen mit Wertschätzung begegnen. Ich muss sie nicht zu meinem eigenen Vorteil ausnutzen. Ich komme auch so nicht zu kurz.

Und so will mein Kollege mit seinem besonderen Adventskalender an der Türklinke einen Beitrag zu einem guten Betriebsklima leisten. Durch den kleinen Text auf jedem Schild will er seine Kolleginnen und Kollegen dazu anregen, über die frohe Botschaft der Weihnachtszeit nachzudenken, und sich so auf das große Fest vorzubereiten. Christlicher Glaube ist keine Privatangelegenheit und die christlichen Feste sind nicht nur Familienfeste. Die Botschaft von Weihnachten gehört mitten in den Arbeitsalltag. Und so hängt dieser Adventskalender ganz zu Recht an einer Bürotür.

„Ewigkeitssonntag“

Sonntag, 21. November 2010

Es brennt im Taufbecken - hell strahlen die Kerzen, die auf dem Wasser im Taufbecken der Kirche schwimmen. Wir feiern heute Ewigkeitssonntag, den letzten Sonntag im Kirchenjahr. Viele Kirchengemeinden laden heute die Angehörigen ein, die in diesem Jahr Abschied von einem geliebten Menschen nehmen mussten. Gemeinsam mit ihnen wollen sie sich an die Verstorbenen erinnern und ihre Trauer vor Gott bringen. Und so brennt es heute bei uns im Taufbecken - für jeden Verstorbenen zünden wir eine Kerze an und stellen sie dorthin, wo unsere Kinder getauft werden.

Etwas empört spricht mich einmal nach solch einem Gottesdienst ein Besucher an: Taufe, das hat doch etwas mit Leben zu tun, mit Energie, mit Kindergeschrei. Da gehört doch der Tod, das Sterben nicht hin. Ich kann ihn verstehen. Ich denke auch erst einmal an die vielen Kindergesichter, die mich angestrahlt haben, als ich sie getauft habe. Und doch: Das Taufbecken ist für mich auch ein wichtiger Ort, um der verstorbenen Gemeindeglieder zu gedenken. Denn Taufe hat ursprünglich auch etwas mit Sterben zu tun.

Früher hat man die Menschen bei der Taufe ganz untergetaucht. Dann zog man sie wieder aus dem Wasser heraus, hat sie wieder aufgerichtet und ans

Licht gebracht. Damit wollte man zum Ausdruck bringen, was Paulus meint. Er schreibt: Wir sind mit unserem bisherigen Leben in der Taufe mit Christus gestorben. Und wir sind in der Taufe mit ihm auch wieder auferstanden zu neuem Leben. Und in diesem neuen Leben hat der Tod seine Macht verloren. Daran erinnern wir uns durch die Kerzen. Wir zünden sie am heutigen Ewigkeitssonntag wieder im Taufbecken der Johanneskirche an. Wir verlesen die Namen aller verstorbenen Gemeindeglieder. Doch damit erinnern wir uns an ihr zweites Sterben. Und auch dieses Mal gilt, dass sie nicht allein gestorben sind, dass Gott sie in ihrem Sterben begleitet hat. Und auch dieses Mal werden sie zu neuem Leben auferstehen. Gott wird sie - wie bei der Taufe - vom Tod zu einem anderen Leben auferwecken. Daran glauben wir.
Das Bild der brennenden Kerzen im Taufbecken, das begleitet viele Trauernde, wenn sie nach dem Gottesdienst nach Hause gehen. Der Tod ist nicht der Schlusspunkt. Er ist eher ein Doppelpunkt. Und was danach kommt, sehen wir in einem anderen Licht.

„Engel sein“

Samstag, 18. September 2010

Warum können Engel fliegen? Antwort: Engel können fliegen, weil sie sich selbst nicht so schwer nehmen. Na klar! Wie einfach. Aber - wenn ich länger drüber nachdenke, finde ich es dann doch nicht so einfach. Engel können fliegen, weil sie sich selbst nicht so schwer nehmen - warum kann ich dann nicht fliegen?
Ich erinnere mich an ein Gespräch mit einem Freund, den ich sehr mag. Der hat den letzten Gemeindebrief gelesen und dabei sind ihm ein paar Rechtschreibfehler aufgefallen. Die muss er mir natürlich sagen und kommt dann auch noch mit ein paar Verbesserungsvorschlägen. Ich spüre, wie mir das Zuhören immer schwerer wird. „Mach's doch besser", denke ich und nehme seine freundliche Kritik kaum noch wahr. Sie trifft mich und ich fühle mich klein gemacht - auch wenn ich weiß, dass er das gar nicht will. Geht es ihm doch

nur um den Gemeindebrief. Das Problem liegt wohl eher bei mir - warum nehme ich solch eine Kritik auch so schwer?

Der Grund dafür ist ganz schlicht: „In diesem Moment nehme ich mich einfach zu wichtig, beziehe alles gleich auf mich als Person. Nein, ich sollte es machen wie die Engel. Die können fliegen, weil sie sich selbst nicht so schwer nehmen!"

Aber wie soll das gehen? Der Autor dieser Weisheit erinnert daran, wie Jesus das gemacht hat: Wenn Jesus sich oder andere beurteilt hat, dann hat er immer unterschieden zwischen der Person und dessen Würde einerseits - und dem, was ein Mensch tut, also seinen Handlungen andererseits. Der Mensch ist ein wunderbares Geschöpf Gottes und als solches mit seiner Würde unantastbar. Schauen Sie mal in der Bibel nach. Sie werden keine kritischen Worte von Jesu über einen Menschen an sich finden - wohl aber über seine Handlungen.

Da konnte Jesus scharfe Worte finden. Und doch gerade weil der Mensch ein Ebenbild Gottes ist, kann er ganz ruhig diese Worte hören - trotz aller Deutlichkeit. Und sich dann auch daran machen, das eine oder andere zu verändern. Mir hilft dieser Hinweis, gelassener mit Kritik umzugehen. Sie nicht gleich auf mich zu beziehen und alles so schwer zu nehmen.

Übrigens, der gute Freund sitzt jetzt in der Redaktion unseres Gemeindebriefes - Schwerpunkt: Endredaktion. Wenn wir jetzt über die Fehler reden, die sich immer noch einschleichen, dann ist mir, als würden wir miteinander ein bisschen fliegen.

„Eine Regenrinne war die Grenze“

Freitag, 17. September 2010

„Die Grenze war eine Regenrinne. Sie verlief quer über den Schulhof und teilte ihn in zwei Bereiche: einen für die evangelischen und einen für die katholischen Schüler." So berichtet eine ältere Dame beim ökumenischen Erzählcafé: Ich kann es kaum glauben: Noch vor gut 50 Jahren trennte man hier Schüler auf dem Pausenhof nach ihrer Konfession? „Naja", fährt die ältere Dame dann fort, „nachmittags haben wir dann aber alle wieder gemeinsam gespielt." Gott sei Dank.

Im weiteren Verlauf des Erzählcafés erfahre ich von den Leuten noch vieles, was ich kaum glauben kann: Von dem Spott, den man von den anderen ertragen musste, nur weil man das falsche Bekenntnis hatte, von den Schwierigkeiten, wenn man als evangelischer Junge eine katholische Freundin nach Hause brachte. Wie tief war der Graben zwischen den beiden Konfessionen gerade nach dem 2. Weltkrieg - in Bingen, aber auch an vielen anderen Orten.

Mittlerweile ist vieles anders: Die Kirchen veranstalten viele Gottesdienste gemeinsam und auf der katholischen Privatschule in Bingen arbeiten inzwischen mehr evangelische Lehrkräfte als katholische. Die Zeiten haben sich geändert. Und das ist gut so.

Und jetzt habe ich vor einigen Tagen eine Einladung vom Türkisch-islamischen Kulturverein zur Feier des Fastenbrechens bekommen. Ich habe sie gerne angenommen. Doch dabei habe ich gemerkt, dass so eine Einladung noch etwas Besonderes ist.

Die Beziehungen zwischen muslimischen und christlichen Mitbürgern erinnern mich an die Geschichten von früher. Auch zwischen Muslimen und Christen gibt es Vorbehalte auf beiden Seiten. Auch mir ist vieles noch fremd und unverständlich. Manches ist für mich sogar anstößig und widerspricht meinen Wertvorstellungen.

Gott sei Dank, gibt's bisher auf dem Schulhof der Grundschule keine Regenrinne als Grenze zwischen muslimischen und christlichen Kindern. Aber ich weiß, dass es da noch viele Grenzen zwischen Christen und Muslimen zu überwinden gibt. Ich hoffe, dass wir über sie in 50 Jahren auch nur noch den Kopf schütteln, wie über solch eine Regenrinne - damals auf dem Pausenhof in Bingen.

„Ein Sonnenstrahl ist unsichtbar und schenkt doch tausend Farben“

Donnerstag, 16. September 2010

Haben sie schon einmal einen Sonnenstrahl gesehen? Einen von den Abermilliarden, die tagtäglich unsere Erde erreichen? Ich noch nicht. Ich spüre die Wärme der Sonne auf meinem Gesicht. In den letzten Wochen immer wieder. Und bei der Fahrt im Auto trage ich häufig eine Sonnenbrille, damit das Sonnenlicht mich nicht blendet. Aber einen einzelnen Sonnenstrahl habe ich noch nicht gesehen.

Allerdings strahlen mir jeden Tag viele Farben entgegen. Das Gelb der Sonnenblumen, das satte Grün der Wiesen, das klare Blau des Meeres, das Rot der Äpfel in den Bäumen - viele, viele Farben. Und genau die verdanke ich all den Sonnenstrahlen, die Tag für Tag auf die Erde treffen. Sie treffen unsichtbar auf die unterschiedlichen Dinge in meiner Umgebung. Dort werden sie gebrochen und strahlen mir dann in tausend Farben entgegen - einfach herrlich.

Wie bei meinem Glaskristall. Der hängt vor meinem Fenster. Das Licht scheint hindurch, und im Zimmer entsteht ein buntes Lichterspiel - gebrochene Sonnenstrahlen in ihrer ganzen Farbenpracht.

Die Bibel greift oft das Bild von der Sonne auf, um Gott zu beschreiben. Seine Liebe ist wie die vielen Sonnenstrahlen, die uns morgens munter und fröhlich machen. Ein guter Vergleich, finde ich. Gottes Liebe ist ja erst einmal genauso unsichtbar wie die Sonnenstrahlen. Und doch begegnet sie mir tagtäglich immer wieder - und zwar in den Menschen um mich herum.

Wie die Sonnenstrahlen bricht sich die Liebe Gottes in den Menschen, die mir begegnen: an ihren Stärken und auch an ihren Schwächen. So wird Gottes Liebe bunt und ich kann sie sehen und fühlen.

Zum Beispiel: Wenn mir jemand seine Hand auf die Schulter legt - einfach so. Wenn mich ein Kind auf der Straße anlächelt. Wenn mich jemand an der Kas-

se vorlässt. Schöne Erfahrungen, die mich die Liebe Gottes spüren lassen. So im Vorübergehen, mitten im Alltagsgetümmel.
Vielleicht scheint ja heute auch wieder die Sonne. Und Sie können Sie auf Ihrem Gesicht spüren und ihre Farbenpracht erleben. So ist das eben auch mit Gottes Liebe. Die ist auch da. Und die können Sie sogar spüren, wenn es heute regnet.

„Mehr entdecken"

Mittwoch, 09. Juni 2010

„Was will der denn noch hier?" - erstaunt schaut Manfred zu dem Jugendlichen, der neben der Tanzfläche steht. Die ganze Party wäre fast ins Wasser gefallen - seinetwegen. Denn - was hatte der nicht alles versprochen. Eine Live-Band mit allem Drum und Dran. Tolle Worte. Aber am Ende hat nichts geklappt. Beinah wäre die ganze Party ins Wasser gefallen und der Jugendclub hätte sich bis auf die Knochen blamiert.
„Und das alles wegen dem da drüben. Geschieht ihm ganz recht, dass er jetzt alleine neben der Tanzfläche steht." Sagen die anderen. So ein Aufschneider und Versager - was will der bloß noch hier?"
Die Bibel erzählt auch von einem Mann, mit dem niemand mehr etwas zu tun haben will. Es ist der Zöllner Zachäus. Der den Leuten im Dorf schon mal gern das Geld aus den Taschen zieht. Damit macht man sich keine Freunde. Und das bekommt er zu spüren, als Jesus in sein Dorf kommt. Alle stehen am Straßenrand und wollen ihn sehen. Den Zachäus lässt keiner durch. „Was will denn der hier? Mit dem wollen wir nichts zu tun haben", sagen sie.
Doch als Jesus kommt, überrascht er sie alle. Er schaut nämlich geradewegs zu Zachäus hoch, in die Äste des Baums, an dem sich Zachäus festhält. „Zachäus, steig runter" sagt er, „ich muss heute in deinem Haus einkehren." Warum tut er das?
Jesus sieht in Zachäus nicht nur den Außenseiter, den Halsabschneider, den Angeber. Jesus sieht in ihm den Menschen. Und er hofft, dass da noch mehr

in ihm steckt als nur ein habgieriger Zöllner. Er hofft, dass mehr in ihm steckt als das, worauf ihn die Leute längst festgelegt haben. Und so passiert es. Zachäus ändert an diesem Abend sein Leben. Er gibt zurück, was er den anderen weggenommen hat.
Über diese Geschichte haben die Jugendlichen im Jugendclub nachgedacht. Anfangs hat Manfred nur gelangweilt gegähnt - immer diese ollen Kamellen von Jesus. Aber nach der Party ist sie ihm wieder eingefallen. Dieser Aufschneider, der uns beinah die Party vermasselt hat. Vielleicht steckt in dem doch noch etwas anderes. Vielleicht sollten wir ihm doch noch eine zweite Chance geben.

„Blaulichtgottesdienst"

Dienstag, 08. Juni 2010

Es ist dunkel und die Scheinwerfer tauchen die Kirche in ein blaues Licht. Davor - Einsatzfahrzeuge der Feuerwehr, des Technischen Hilfswerks, der Rettungsdienste und der Polizei. Und drinnen, in der Kirche sitzen viele Helfer in ihrer Einsatzkleidung. Es ist mal wieder Blaulichtgottesdienst. Den feiern wir in unserer Stadt für all die Helferinnen und Helfer, die schnell zur Stelle sind, wenn etwas passiert ist.
Hinschauen, wenn man lieber wegschauen will, das können die. Gott sei Dank. Warum können die das? Fragen sich manche. Es ist doch gar nicht so leicht, hinzuschauen; zum Beispiel, wenn ein Auto im Graben liegt. Wer weiß, welcher Anblick mich da erwartet. Vielleicht ist jemand schwer verletzt. Vielleicht kenne ich den auch noch.
Warum können die das trotzdem?
In einem Gleichnis in der Bibel geht es auch ums Hinschauen. Jesus erzählt von einem Menschen, der unter die Räuber gefallen ist. Schwerverletzt liegt er am Straßenrand. Andere kommen vorbei. Schauen schnell weg und gehen weiter - warum auch immer. Erst dieser eine Ausländer, der mit der etwas anderen Religion und Kultur, der Samariter schaut hin. Er steigt von seinem

Esel, verbindet die Wunden und bringt den Verletzten in ein sicheres Wirtshaus.
Das Gleichnis vom barmherzigen Samariter ist vielen Einsatzkräften sehr vertraut. Sie mögen es und es ist für sie ein Ansporn, hinzuschauen. Sie wollen lernen, die Situation an der Einsatzstelle auszuhalten. Auch wenn ihnen die Bilder dann oft nicht mehr aus dem Kopf gehen oder die Gerüche oder die Schreie.
Jesus erzählt die Geschichte vom Barmherzigen Samariter, weil er in ihm den Menschen sieht, den Gott besonders im Blick hat. Es ist der barmherzige Samariter, um den sich Gott besonders kümmert und der ihm am Herzen liegt.
Und deshalb feiern wir bei uns in Bingen am Rhein den Blaulichtgottesdienst. Für alle starken und hilflosen Samariter unter uns. Wir wollen ihnen Mut machen, etwas zu wagen und hinzuschauen. Weil Gott Leute wie sie besonders im Blick hat.

Suche nach dem Anfang

Montag, 07. Juni 2010

„Nachdenken über Dinge, die kein menschliches Auge bisher gesehen hat"
Auf der Suche nach dem Anfang lassen es die Wissenschaftler in Genf so richtig krachen. Winzige Atome stoßen im Teilchenbeschleuniger aufeinander. Die Forscher hoffen, die Urbausteine unserer Welt zu entdecken. Sie wollen herausfinden, wie einmal alles entstanden ist.
Für mich ist das alles kaum vorstellbar. Ich habe noch nie ein Atom gesehen. Und dass man es dann auch noch schafft, diese kleinen Dinger punktgenau aufeinanderprallen zu lassen - unvorstellbar.
Wobei, den Zusammenprall der Atome haben die Wissenschaftler in Genf auch nicht gesehen. Sie haben nur Messprotokolle und Aufnahmen ihrer Sensoren. Doch das reicht ihnen aus, um weiter an diesen komplizierten Grundfragen des Lebens zu arbeiten - auch wenn sie eigentlich nichts mit eigenen Augen gesehen haben.

Beim Lesen in der Bibel geht es mir manchmal genauso. Da stehen Dinge drin, die ich mir auch nicht vorstellen kann, die ich mit meinen eigenen Augen noch nie gesehen habe. Gott soll die Erde aus dem Nichts geschaffen haben, die Sonne, den Mond, die Zeit. Und der Mensch - ein Geschöpf Gottes, am Anfang geformt aus Erde, in den dann Gott seinen Atem eingehaucht hat - unvorstellbar.
Und doch, vielleicht ist die Bibel so etwas Ähnliches wie die Messprotokolle der Forscher in Genf. Wie Gott die Welt und alles Leben erschaffen hat, hat niemand sehen können. Doch es gibt Geschichten darüber. Menschen haben sich so ihre Vorstellungen gemacht. Sie haben nachgedacht über ihren Glauben, über ihre Erfahrungen mit Gott. Sie haben alles weitererzählt, und irgendwann einmal aufgeschrieben.
Die Wissenschaftler in Genf werden wohl noch Jahre brauchen, bis sie all die Messprotokolle ausgewertet und interpretiert haben. Sie werden es wahrscheinlich auch noch ein paar Mal krachen lassen, um weiteres Material zu bekommen. Vielleicht verstehen wir dann besser, wie alles mal angefangen hat.
Die Forscher mit ihrem Teilchenbeschleuniger regen mich an, weiterhin die „Messprotokolle" der Bibel zu studieren. All die Geschichten und Erfahrungen unserer Mütter und Väter im Glauben. Auch wenn die von Dingen berichten, die ich selber noch nie gesehen habe und die ich mir auch kaum vorstellen kann.

Der erste Christ im Himmel

Samstag, 20. März 2010

„Wer war eigentlich der erste Christ im Himmel?“ Ich sitze mit den Kindern auf dem Boden in der Kirche. Vor uns haben wir aus Schuhkartons den Hügel mit den Kreuzen aufgebaut. Und wie ich so über das Sterben und die Auferstehung Jesu rede, unterbricht mich ein kleines Mädchen und fragt: „Wer war eigentlich der erste Christ im Himmel?“

Während ich nachdenke, bringen die Kinder schon erste Vorschläge. „Einer der Jünger – sicher Petrus.“ „Nein“, meint ein anderes Kind, „eher Maria und Joseph oder vielleicht Johannes der Täufer.“ „Nö, Paulus“, wirft ein drittes Kind in die Runde. Und bald haben wir all die bekannten Männer und Frauen beieinander, von denen die Kinder im Kindergottesdienst schon gehört haben. „Kinder“, sage ich, „ihr seid alle auf der falschen Fährte. Der erste Christ im Himmel ist ein Verbrecher gewesen – ein Dieb und Mörder“.

Wilder Protest. Ich deute auf die drei Kreuze. Die auf dem Hügel aus Schuhkartons. „Schaut mal, Kinder“, sage ich, „Jesus ist nicht allein auf dem Hügel von Golgatha. Er wird mit noch zwei Verbrechern gekreuzigt. Und zwischen den dreien kommt es zu einem Gespräch. Der eine macht sich lustig über Jesus, weil der so hilflos am Kreuz hängt: „Bist du nicht der Christus, von dem man sagt, du wärst der König der Juden? Hilf dir selbst und hilf uns!“ - „ Ach, sei doch ruhig“, fährt ihm der andere über den Mund, „Wir zwei hängen vollkommen zu Recht hier am Kreuz. Nach dem, was wir alles gemacht haben. Der aber nicht. Er ist unschuldig.“ Darauf antwortet Jesus: „Wahrlich, ich sage dir: Noch heute wirst du mit mir im Paradies sein.“

Deshalb Kinder ist doch klar: Der erste Christ im Himmel ist dieser Verbrecher gewesen, den man mit Jesus gekreuzigt hat.

Übrigens: In der Ostkirche ist dieser Verbrecher sehr bekannt. Es gibt eine Ikone mit dem Titel: „Der gute Dieb“. Sie zeigt diesen Verbrecher im Himmel– den ersten Christen im Paradies. Warum? Weil er zu seiner Schuld gestanden hat – ohne Wenn und Aber. Und deswegen hat ihn Gottes nicht alleine gelassen. Er hat ihn sogar geehrt, so dass er als erster Christ in den Himmel gekommen ist.

Die Kinder finden das toll. Gott steht nicht nur auf der Seite von denen, die alles richtig gemacht haben. Er mag auch die, die etwas falsch gemacht haben, die sogar etwas Schlimmes verbrochen haben. Und er bricht nicht den Stab über sie, sondern bleibt ihnen weiter treu verbunden, wie ein richtig guter Freund.

Das Spiegelkreuz

Freitag, 19. März 2010

In meinem Amtszimmer hängt ein Spiegel. Er hat die Form eines Kreuzes. Manch einer hat da schon reingeschaut und war irritiert: Mein Gesicht in einem Kreuz an der Wand? Eine Frau wollte, dass ich das Kreuz wegräume. „Ich kann es nicht ertragen, mich in diesem Kreuz zu spiegeln. Mich erinnert das Kreuz nur an Leiden und Tod! Schrecklich."

Ich kann sie gut verstehen und sie hat ja Recht. Das Kreuz steht für Leiden und Sterben. Immer wieder fordern deswegen Menschen, dass das Kreuz in öffentlichen Räumen abgehängt werden soll. Müssen denn Schulkinder oder Gerichtsbesucher ständig an diesen schrecklichen Tod erinnert werden? Und überhaupt- sollte sich die Kirche mit ihren Symbolen nicht mehr ins Private zurückziehen?

Und wenn ich mich dann auch noch in diesem Kreuz spiegeln kann - wie bei dem Spiegel in meinem Amtszimmer - ist das nicht noch eine größere Zumutung? So direkt an den eigenen Tod erinnert zu werden?

Und doch – das Sterben gehört zum Leben dazu. Und in Frieden leben kann ich nur, wenn auch die Schattenseiten meines Lebens sein dürfen. Und deshalb habe ich das Spiegelkreuz in meinem Zimmer aufgehängt.

Das Kreuz erinnert daran, dass Jesus dem Leiden nicht ausgewichen ist, dass man ihn an so ein Kreuz geschlagen hat, dass er dort sogar gestorben ist. Schrecklich und grausam. Aber das war nicht das Ende. Gott hat ihn vom Tod auferweckt – das feiern wir an Ostern. Das Leben ist stärker als der Tod. Und das können wir auch heute erleben.

So bin ich mit der Frau ins Gespräch gekommen, die das Kreuz in meinem Zimmer weghaben wollte. Sie hat mir von ihrer Angst erzählt. Angst vor dem Sterben. Und ich sagte zu ihr: Doch genau deswegen ist Jesus damals nicht nur für sich allein gestorben. Er starb für uns, damit wir leben.

Das Spiegelkreuz in meinem Büro erinnert daran: Ich bin nicht allein, wenn ich sterbe. Und so steht das Kreuz nicht nur für das Leiden und Sterben. Das Kreuz ist auch ein Symbol für die Nähe Gottes und vor allem für das Leben. Und deswegen spiegele ich mich gerne darin.
Das Spiegelkreuz hängt immer noch an der Wand. Und die Besucherin schaute auch ein paar Wochen später noch einmal rein – sie blickte in das Kreuz und lächelte.

Mehr Gott

Donnerstag, 18. März 2010

„Wir brauchen mehr Gott, sonst triumphiert die Sünde“ so die Schlagzeile einer großen Wochenzeitschrift. Im Leitartikel beschreibt der Autor unsere Gesellschaft. Sie ist voll von dem, was die Bibel als Sünde bezeichnet: Eitelkeit, Habgier, Wollust, Zorn, Völlerei, Neid und Trägheit des Herzens. Die Kirche hat diese Dinge immer wieder aufgegriffen. Sie hält fest: Gott lehnt solch ein Verhalten ab. Doch das lässt viele Menschen mehr und mehr kalt. Gott ist weit weg und spielt im Alltag doch keine große Rolle mehr.
Deshalb erinnert der Autor wieder an diese Lehre von Sünde und Hölle. Er wünscht sich aber vor allem einen Gott, der als der Richter mit erhobenem Zeigefinger dem Menschen streng ins Gewissen redet.
Hier stocke ich – ich teile die Einschätzung vieler, dass das Gewissen in den letzten Jahren abgestumpft ist. Doch die Lösung liegt für mich nicht in der Forderung, nach einem göttlichen Richter, einem Gott, der den Menschen Angst einjagt. Wir brauchen keine Hölle, in der das Fegfeuer wieder kräftig angefacht wird.
Vielmehr frage ich mich, was steckt denn hinter all diesem Tun?
Und da begegnen mir eher Menschen, die unsicher sind, die mit ihrem Alltag am Kämpfen sind. Da ist ein Mann, der auch einmal das große Geld machen will, wie alle seine Freunde um ihn herum. Da ist die Frau, die sich einen per-

fekten Körper wünscht. Doch eigentlich sucht sie Nähe, Liebe und Anerkennung.
Hilft da ein Gott, der mit erhobenem Zeigefinger nur noch den Druck erhöht? Im Brief an die Hebräer beschreibt der Verfasser einen ganz anderen Gott. Für ihn bleibt Gott eine anerkannte Respektsperson. Doch er erinnert daran, dass Gott diese Versuchungen selbst erlebt hat. Jesus ist den Versuchungen nach Macht, Reichtum und Anerkennung nicht aus dem Weg gegangen. Er hat sie kennen gelernt, gegen sie angekämpft und schließlich überwunden. Doch gerade deswegen schwingt er sich nicht zum Richter über unser Leben auf, gerade deswegen will er uns in solchen Situationen begleiten.
„Wir brauchen mehr Gott" – ja, das stimmt. Aber keinen neuen Richtergott, der mit erhobenem Zeigefinger herumfuchtelt. Wir brauchen einen Gott, der an unserer Seite ist, der uns Mut und Kraft gibt, all den Sünden zu widerstehen. Wir brauchen einen Gott, der uns wieder aufhilft, wenn wir hingefallen sind. Wir brauchen diesen Gott, der am Kreuz die Last der Sünde mit uns geteilt hat.
Und dann, dann wird die Sünde auch in unserer Gesellschaft letztlich nicht triumphieren.

„Warten lohnt sich"

Mittwoch, 25. November 2009

„Warten lohnt sich", diesem Satz werden wohl viele Kinder in diesen Tagen aus vollem Herzen zustimmen. Denn als ich im Kindergottesdienst mit den Kindern über die kommende Adventszeit geredet habe, sprudelte es aus einem Kind nur so heraus: „Warten lohnt sich, denn an Weihnachten gibt es wieder tolle Geschenke und wir haben als Familie Zeit füreinander".
„Warten lohnt sich", ein gutes Motto für die kommenden Wochen vor Weihnachten. Denn auch für uns als Christen steht ja noch manches aus. Die Adventszeit erinnert daran, dass Gott noch einmal wiederkommen wird. Wir warten auf einen neuen Himmel und eine neue Erde. Im letzten Buch der Bi-

bel heiß es von dieser neuen Welt: Gott wird abwischen alle Tränen von ihren Augen, und der Tod wird nicht mehr sein, noch Leid noch Geschrei noch Schmerz wird mehr sein. Darauf lohnt es sich zu warten.

Und doch lädt uns Gott zu einem ganz besonderen Warten ein. Die Hoffnung auf einen neuen Himmel und eine neue Erde gibt mir Kraft und Mut, mich schon heute für eine gerechtere Welt einzusetzen.

Mir ist das durch ein Gespräch mit einem jungen Mädchen deutlich geworden. Sie hat in Bethlehem im Baby-Hospital ein Jahr lang als Freiwillige gearbeitet. „Warum tust Du das?“, habe ich sie gefragt. „Weil ich hier gebraucht werde, weil ich den Kleinsten und Schwächsten helfen will, so wie ich es bei Jesus verstanden habe. ER hat viel über die kommende Welt geredet und doch immer wieder ganz praktisch geholfen. Und so warte ich auch auf diese neue Welt – gerade angesichts dessen, was ich hier in Bethlehem in Palästina täglich erlebe. Aber ich will auch schon etwas tun. Ich will meinen Beitrag dazu leisten, dass das Leid und Geschrei, dass die Schmerzen weniger werden.“

„Warten lohnt sich“, ich habe den Kindern im Kindergottesdienst von diesem Mädchen erzählt. Und dann haben wir darüber nachgedacht, was wir in den kommenden Adventswochen alles noch machen könnten: im Altenheim ein paar Lieder singen, für das Babyhospital in Bethlehem Geld sammeln, die Eltern mit einer Kleinigkeit überraschen und noch viel mehr. Denn das ganze Warten lohnt sich. Nicht nur, weil ich am Ende tolle Geschenke bekomme. Das Warten lohnt sich, weil ich mich jetzt schon darauf freuen kann. Und diese Freude kann ich mit anderen teilen.

„Lass Dich nicht vom Bösen überwinden“

Dienstag, 24. November 2009

„Mit der red’ ich kein Wort mehr“ – wie oft habe ich diesen Satz gehört. Da hat man sich wegen einer Kleinigkeit in die Haare gekriegt. Ein Wort hat das andere gegeben, keiner wollte nachgeben und schließlich fällt dieser Satz: „Mit der red’ ich kein Wort mehr“.

Der Apostel Paulus macht Mut, es mal anders zu probieren. „Lass Dich nicht vom Bösen überwinden, sondern überwinde das Böse mit Gutem", schreibt er seiner Gemeinde. Das Böse mit Gutem überwinden. Wie soll das gehen? Ich erinnere mich an eine Familie. Die ist in eine neue Wohnung umgezogen.
Bei ihrem Einzug gibt es mit einer älteren Bewohnerin mächtigen Ärger: Sie beschwert sich über den vollgestellten Flur, über den Lärm in der Mittagsruhe, und schließlich über den ganzen Müll. Am nächsten Morgen findet die Familie ein wütendes Schreiben mit der Hausordnung in ihrem Briefkasten. Die anderen Nachbarn kennen die alte Dame. „Einfach wegschmeißen", raten sie. Und einer meint sogar, man sollte ihr als Antwort mal extra einen Sack Müll vor die Tür stellen.
Doch die Familie macht etwas ganz anderes. Mit einer Topfpflanze in der Hand klingelt die Mutter am nächsten Tag bei der älteren Dame, stellt sich als neue Nachbarin vor und lädt sie bei sich zum Kaffee ein. Ein paar Stunden später sitzt die alte Dame etwas verunsichert bei ihr in der Wohnung. Sie kommen ins Gespräch. Und dabei erfährt die Mutter etwas von dem, was die alte Dame im Leben so verbittert hat. Vor allem aber erfährt sie von ihrer Gehbehinderung. Deswegen käme sie auch kaum noch raus aus ihrer Wohnung. Und das Treppensteigen würde ihr besonders schwer fallen – gerade wenn dann noch Dinge im Treppenhaus herum stehen.
Nach diesem Gespräch entwickelt sich zwischen der Familie und der älteren Dame eine ganz neue Beziehung. Die Familie nimmt den Müll der älteren Damen mit und erledigt den einen oder anderen Einkauf für sie. Dafür passt die ältere Dame immer mal wieder auf die Kinder der Familie auf, so dass die Eltern abends auch mal weggehen können.
Ab und an poltert die ältere Dame trotzdem noch durch die Gegend. Doch das regt die Familie kaum mehr auf. Sie weiß ja, warum. So einfach kann es manchmal sein, Böses mit Gutem zu überwinden.

„Das Handkreuz“

Montag, 23. November 2009

Es liegt gut in der Hand, wie eine Art Handschmeichler - das so genannte Handkreuz. Der Querbalken des Kreuzes ist leicht schräg, die Enden versetzt. So kann ich meine Hand gut um das Kreuz schließen, kann es fest drücken und spüre, wie sich die Form in meiner Hand abbildet.

So ein Handkreuz steckt in meiner Jackentasche. Und es hat mich schon in vielen Situationen begleitet. Situationen, in denen mir Trauer und Tod begegnet sind. Oft habe ich dann das Kreuz aus der Tasche genommen und es jemandem in die Hand gedrückt.

Und dann habe ich von diesem Kreuz erzählt. Weil es daran erinnert, dass Gott das menschliche Leiden kennt. Denn Gottes Sohn ist ja dem Leiden nicht ausgewichen. Er hat Enttäuschung, Schmerzen und schließlich den Tod an diesem Kreuz erlitten. Das Kreuz erinnert daran, dass Gott eben nicht im Himmel, in einer Art heilen Welt geblieben ist. ER ist Mensch geworden und kommt auch heute noch denen nah, denen es nicht so gut geht, körperlich, seelisch oder materiell.

Jedes Mal, wenn ich so ein Kreuz in der Hand halte, spüre ich, dass ich nicht alleine bin. Gerade in schweren Stunden, in denen mein geordnetes Leben ins Wanken gerät.

Doch das ist noch nicht alles – wenn ich das Kreuz in der Hand genau befühle, spüre ich die glatte Oberfläche. Das Kreuz ist leer – da hängt kein Körper dran.

Die Bibel erzählt, wie Gott seinen Sohn auferweckt und damit den Tod überwunden hat. Und so wird auch für uns die Zeit des Leidens einmal vorbei sein. Die Trauer wird nicht immer bleiben. Sie wird sich nach und nach in eine gute Erinnerung verwandeln. Das habe ich so erlebt und daran glaube ich.

Und das erzähle ich oft denen, die einen lieben Menschen verloren haben, wenn wir miteinander die Beerdigung vorbereiten. Und manchen drücke ich bei der Gelegenheit dann so ein Kreuz in die Hand. Einmal, als ich der Tochter einer Verstorbenen nach einer Beerdigung die Hand schüttelte, spürte ich das Handkreuz in ihrer Hand. Sie schaute mir kurz in die Augen und sagte: „Danke, es hat mir geholfen."

„Der Totensonntag – ein Tag mit Hoffnung"

Sonntag, 22. November 2009

Schwarz oder weiß, das fragen sich viele, die heute in den Gottesdienst gehen. Denn heute ist der letzte Sonntag im Kirchenjahr, da denken wir in den evangelischen Kirchen an die, die im Lauf dieses Jahres gestorben sind. Und dazu lade ich als Pfarrer die Angehörigen der Verstorbenen ein. So sind viele Trauernde in der Kirche. Menschen, die sich in den letzten Monaten der Erfahrung des Todes und des Abschiednehmens stellen mussten. Und weil es um die Verstorbenen geht, denken viele: Schwarz, das ist doch heute angemessen. Schwarz und nicht weiß. Schließlich heißt der Sonntag doch auch Totensonntag.

Doch unsere Kirche erstrahlt heute ganz in Weiß – weiß sind die Stoffe, die den Altar und die Kanzel schmücken und auf dem Altar steht ein großer weißer Blumenstrauß. Immer wieder werde ich deswegen von Besucherinnen und Besuchern angesprochen. Sie sind irritiert. Warum kein schwarzer Schmuck? Wenigstens eine schwarze Schleife? Ist das nicht die angemessene Farbe, wenn man um seine lieben Verstorbenen trauert?

Doch an diesem Sonntag stehen die Erinnerung und die Trauer in einem besonderen Licht. Als Pfarrer will ich heute nicht nur den Blick rückwärts lenken. Ich will heute mit den Trauernden nach vorne schauen, die Trauer aufgreifen, um sie in eine gute Erinnerung an die Verstorbenen zu verwandeln.

Denn wenn wir uns an die Verstorbenen erinnern, tun wir das im Schein der Osterkerze. Diese Kerze erinnert uns daran, dass Sterben und Tod nicht das Letzte sind, was wir Menschen erleben. Leben endet nicht mit dem Tod. Sondern wer stirbt, geht nur hinüber in eine andere Welt – in Gottes ewige Welt. Eine Welt, in der weder Leid noch Geschrei noch Schmerz mehr sein wird.

Und das ist doch eigentlich ein Grund, um zu feiern, und dem Tod nicht mehr das letzte Wort zu lassen. Deswegen gehört dieser Sonntag zu den Sonntagen im Kirchenjahr, an denen die Kirchen in festlichem Weiß geschmückt sind. Ein Zeichen, dass nicht die Trauer, sondern die Hoffnung diesen Sonntag prägen darf.
Aus diesem Grund kennt auch der Kirchenkalender den Namen „Totensonntag" nicht. Der heutige Tag trägt nämlich den Namen „Ewigkeitssonntag". Angesichts des Todes in dieser Welt dürfen wir uns heute besonders an die Zusage Gottes erinnern, dass es nach dem Tod ein ewiges Leben in Gottes Gegenwart gibt.

„Tunnelerfahrungen"

Samstag, 05. September 2009

Vielleicht sind sie auch schon mal durch einen Tunnel gefahren – vor kurzem auf den Weg in den Urlaub zum Beispiel. Ich habe immer ein flaues Gefühl im Magen, wenn ich in so einen langen Tunnel einfahre. Alles ist so eng und manchmal auch dunkel.
Der St. Gotthard-Tunnel auf dem Weg nach Italien ist mit seinen 16,9 Kilometern der drittlängste Autotunnel in Europa. Heute vor 29 Jahren ist er eröffnet worden. Wie beschwerlich wäre der Weg über den St. Gotthard-Pass. Wie viel Zeit mehr müsste man auf der Fahrt in den Süden einplanen. Doch gerade dieser Tunnel erinnert auch an den furchtbaren Unfall im Oktober vor acht Jahren. Damals sind elf Menschen in den Flammen umgekommen. Und da ist es wieder, dieses flaue Gefühl in der Magengegend.
Wenn ich in einen langen Tunnel einfahre, murmele ich gerne einen Psalm vor mich hin. Da geht es um einen guten Hirten, der mich armes Schaf sicher durchs dunkle Tal führt. „Und ob ich schon wanderte im finstern Tal, fürchte ich kein Unglück; denn du bist bei mir", so heißt es im 23. Psalm. Und das sage ich mir bei der Fahrt durch den dunklen, langen Tunnel. Und ich habe das

Gefühl: „Ich bin nicht allein." Gott ist bei mir, begleitet mich durch das Dunkel.
Und nicht nur dort. Es gibt ja noch ganz andere Tunnelerfahrungen. Die Zeit zwischen der Untersuchung beim Arzt und dem Gespräch, in dem man die Ergebnisse der Untersuchung erfährt. Die Zeit zwischen dem Entschluss, aus der vertrauten Wohnung auszuziehen und dem Umzug in ein Altersheim. Da fühlt man sich schnell wie in so einem dunklen Tunnel und hat dieses flaue Gefühl im Magen.
Mir hilft es, mich bei solchen Tunnelerfahrungen an den Psalm 23 zu erinnern, in dem es nämlich auch heißt: Gott weidet mich auf einer grünen Aue und führet mich zum frischen Wasser. Der Tunnel hat ein Ende, irgendwo. Dann wird es hell, vor mir breiten sich Wiesen und Wälder aus. Und so wird auch die Angst und das flaue Gefühl im Magen ein Ende haben. Kein Dunkel mehr, keine Angst, nur noch Licht und Freude.
Bis dahin aber muss ich noch öfters durch den St. Gotthard-Tunnel fahren. Das flaue Gefühl wird mich dabei zwar immer wieder begleiten, doch die Worte des Psalm 23 auch.

„Selber Schuld"

Freitag, 04. September 2009

„Selber schuld" denke ich noch, als ich meinen Freund mit krebsrotem Gesicht vor mir sehe. Wir waren im Urlaub am Meer. Und ich habe ihn noch vor der Sonne gewarnt. „Creme Dich lieber ein und leg Dich nicht in die pralle Sonne. Da kriegst du schnell einen Sonnenbrand". Doch er hat nur gelacht. Er sei hier, um braun zu werden. Und jetzt sitzt er vor mir mit glühendem Gesicht. Na, da kann ich nur sagen: „Selber schuld."
Und bei der Gelegenheit ist mir aufgefallen: Das sag ich nicht nur im Urlaub. Auch bei der Arbeit oder gegenüber meinen Kindern geht mir dieser Satz schnell über die Lippen. Oder die Variante „Hab ich's Dir nicht gleich gesagt" oder schlicht und einfach: „Siehste".

Warum sagt man so was eigentlich? Vielleicht will man sich ein bisschen dafür rächen, dass der gute Rat, die eigene Erfahrung missachtet wird. Vielleicht will man sich wieder ins Spiel bringen. Wenn ich so rede, geht es mir auf jeden Fall erst einmal um mich. Mitgefühl? Fehlanzeige.

Und das bringt mich zur Frage: Wie geht Gott eigentlich mit einem um, der seinen guten Rat missachtet und dann den Schaden hat? Lehnt Gott sich auch selbstgefällig zurück und sagt: „Selber schuld?"

In der Bibel beim Propheten Jesaja gibt es einen Satz, der in einem wunderbaren Bild Gottes Haltung dazu umschreibt. „Das geknickte Rohr wird er nicht zerbrechen, und den glimmenden Docht wird er nicht auslöschen" (Jes 42,3). Wenn ein Mensch in eine deprimierende Situation geraten ist, dann ist Gott eben nicht schadenfroh und setzt noch einen drauf.

Sinngemäß könnte der Vers so weitergehen: Gott will das geknickte Rohr schienen und den glimmenden Docht anpusten, damit der wieder aufleuchten kann. Gott schaut nicht zurück und rechnet nicht auf. Gott schaut nach vorne und hilft, dass es weitergehen kann, dass Leben wieder heil wird.

„Selber schuld" - habe ich zu meinem Freund mit krebsrotem Gesicht gesagt. Naja, dann bin ich aufgestanden und habe ihm eine Salbe geholt, zum Kühlen. Ein paar Tage später machten wir eine Fahrradtour. Als ich ihm am Abend mit einer krebsroten Nase gegenüber saß, mussten wir beide lachen – na klar: „Selber schuld"!

„Wenn ich schlafe, schlafe ich"

Donnerstag, 03. September 2009

Der Stapel auf meinem Schreibtisch ist doppelt so hoch und das Postfach quillt über.

Nach dem Urlaub stürze ich mich in die Arbeit und versuche möglichst viele Dinge auf einmal zu erledigen. Und doch: Es geht nur langsam voran. Ja, ich habe manchmal den Eindruck, da wachsen immer neue Stapel auf dem Schreibtisch nach.

In einer Geschichte kommt ein junger Mann zu seinem Vater. „Ich habe solchen Stress und kann kaum noch schlafen“, sagt er. „Wie machst du das nur? Du wirkst so ruhig und gelassen. Dabei hast du doch auch so viel zu tun. Was ist dein Geheimnis?“

Die Antwort des Vaters ist schlicht: „Wenn ich schlafe, schlafe ich, wenn ich gehe, gehe ich, wenn ich schaffe, schaffe ich“. Der Sohn kann das nicht glauben. „Das mach ich doch auch, das ist nichts Besonderes!“ Der Vater widerspricht ihm: „Es sieht zwar genauso aus, aber du machst es ganz anders: Wenn Du schläfst, gehst Du schon, wenn du gehst, dann schaffst Du schon, wenn Du schaffst, dann schläfst Du schon“.

So ähnlich geht es mir im Grunde auch. Ich widme mich einer Sache nie ganz, weil ich schon voller Unruhe bin und an das Nächste denke oder gar das Übernächste plane.

Diese Unruhe - Jesus scheint sie zu kennen. In seiner berühmten Bergpredigt greift er sie auf, und sagt: „Sorgt nicht für morgen, denn der morgige Tag wird für das Seine sorgen. Es ist genug, dass jeder Tag seine eigene Plage hat“ (Mt 7,34).

Eins nach dem anderen tun. Dazu macht auch Jesus Mut. Gelassen bleiben, auch wenn morgen der Stress noch nicht vorbei ist. Es gibt eben Zeiten, da hat man viel zu tun. Es gibt Zeiten, da muss man einfach durch.

Aber das wird schon, meint Jesus. Nicht weil das irgendwie schon gut werden muss. Es wird schon, weil Gott es gut machen wird. Er ist wie ein guter Freund, der sagt: Gemeinsam werden wir es schon schaffen.

Und was heute nicht fertig wird, darf auch mal liegen bleiben. Schließlich darf der nächste Tag auch seine Sorgen haben. Außerdem habe ich schon manchmal erlebt, dass sich über Nacht die Sorgen verändern. Auf einmal taucht da jemand auf, der mir hilft – wenn da nicht Gott manchmal seine Hand mit im Spiel hat!

Also ich werde heute Mittag gleich mal ein Päuschen einlegen und mir sagen: Wenn ich schlafe, dann schlafe ich.

„Ein fröhliches Halleluja in der Straßenbahn“

Samstag, 23. Mai 2009

Ein fröhliches Halleluja in der Straßenbahn. Und am Eingang vor dem Kaufhaus ein „Großer Gott wir loben dich“. So hört sich das an, wenn man dieser Tage durch die Hansestadt Bremen schlendert. Überall finden sich Gruppen von Menschen, die gemeinsam durch die Stadt ziehen, miteinander Kirchenlieder singen.

Viele diese Sängerinnen und Sänger begeben sich morgen auf die Bürgerwiesen in Bremen an den Messehallen. Dort werden sie gemeinsam den Abschlussgottesdienst des 32. Evangelischen Kirchentages feiern. Tausende werden dort zusammen kommen, um zu feiern, zu beten und zu singen. Und sie werden erleben, wie so ein Halleluja Menschen miteinander verbindet. Ob groß oder klein, alt oder jung, arm oder reich, Bass oder Sopran – sie alle werden spüren: wir gehören als Kinder Gottes zu der einen großen Familie.

Wie anders erlebe ich oft meinen Alltag. Da fühle ich mich doch eher als Solosänger. Da muss ich allein den richtigen Ton finden und halten, muss mich gegen die Töne der anderen durchsetzen, muss aufpassen, dass ich nicht untergehe im Getöse um mich herum. Bei meiner Arbeit muss ich zusehen, dass ich mich durchsetze, dass alle auf mich hören, wenn ich den Ton angebe. Wie vielen geht das so. Man kann sich keinen falschen Ton leisten, sonst darf man schnell nur noch eine Nebenstimme singen.

Beim Abschlussgottesdienst am Kirchentag morgen ist das ganz anders. Da singe ich mit vielen zusammen, lasse mich fallen in das gemeinsame Lob Gottes und erlebe: Was für eine Kraft steckt in so einem gemeinsamen Halleluja. Wie schön ist das, mit allen Sinnen zu erleben, dass ich nicht alleine bin, sondern zur großen Familie Gottes gehöre.

Auf den Bürgerwiesen in Bremen wird das Halleluja morgen wieder aus vielen Kehlen erklingen. Doch nicht nur dort. Auch in vielen anderen Orten, großen und kleinen Kirchen feiern Christinnen und Christen morgen Gottesdienst, beten und singen gemeinsam. Und wenn Sie morgen in Ihrer Gemeinde mal

wieder in die Kirche gehen, können Sie auch erleben, wie viel Kraft in so einem gemeinsamen Halleluja liegt.
Und wenn Sie am Montag wieder mit der Straßenbahn unterwegs sein sollten und jemanden hören, der ein Halleluja vor sich hin summt - vielleicht ist das jemand, der dieses Halleluja frisch vom Kirchentag in Bremen mitbringt.

„Mensch, wo bist Du?"

Freitag, 22. Mai 2009

„Mensch, wo bist Du?" – wie oft hab ich das gehört. Als Kind, wenn wir Verstecken gespielt haben. „Mensch, wo bist du?" Meistens habe ich mich dann noch tiefer hinter dem Busch versteckt. So leicht sollen die mich nicht finden, sagte ich mir. Und hoffentlich brauchen sie dieses Mal ganz lange, bis sie mich gefunden haben.
Bis heute verstecke ich mich gerne. Nicht nur hinterm Busch, auch sonst. Nicht jeder muss alles mitbekommen. Es gibt Dinge, die gehen niemanden etwas an, nicht einmal Gott. Und hat nicht jeder sein kleines Geheimnis?
Bis heute deckt keiner so schnell mein Geheimnis auf. Das dauert, bis mich jemand gefunden hat. Und darüber bin ich manchmal richtig stolz. Aber der Reiz, dass mich keiner so schnell findet, der verfliegt manchmal ziemlich schnell. Denn wenn keiner mich entdeckt oder sucht, dann wird das bald langweilig. Und hinzukommt: Mit der Zeit verliere ich vor lauter Versteckspiel den Kontakt zu den anderen, zu mir selbst und zu Gott. Und ich glaube, das geht nicht nur mir so. Ich kenne einige Menschen, die hocken ziemlich alleine in ihrem Versteck und hoffen, dass vielleicht doch jemand sie sucht und findet.
„Mensch, wo bist Du?", so fragt Gott am Anfang der Bibel. Da haben seine ersten Mensch, Adam und Eva, etwas getan, was sie nicht hätten tun sollen. Und aus lauter Scham darüber verstecken sie sich. Aber Gott lässt sie nicht in ihrem Versteck schmoren. ER zieht nicht einfach weiter, um sich vielleicht eine neue Erde und einen neuen Himmel mit neuen Geschöpfen zu schaffen.

Gott sucht seine Menschen. Aus Liebe sucht er sie. Und das ist bis heute noch so: Gott ist treu, seine Liebe ist treu. Wir sind ihm nicht egal. Gott vergisst uns nicht, wendet sich nicht von uns ab. ER sucht uns. ER will uns finden. ER will das, was zwischen ihm und uns schief gelaufen ist, noch einmal gut machen. Gott will es noch einmal versuchen mit uns. Und was wollen wir?

„Mensch, wo bist Du?", so lautet das Motto des 32. Evangelischen Kirchentages, der gerade in Bremen stattfindet. Viele Christinnen und Christen erinnern sich an diese Geschichte vom Anfang der Welt: Erinnern sich gegenseitig daran: Gott ist treu ist und gibt es nicht auf, uns zu suchen. Sie und mich - auch wenn ich heute wieder mal ziemlich mit dem Versteck spielen beschäftigt sein sollte

„Die Rettung begann an einem Sonntag"

Samstag, 21. Februar 2009

„Die Rettung begann an einem Sonntag" – so titelte vor einigen Wochen eine große Zeitung. Ein Artikel über die aktuelle Weltwirtschaftskrise. Überschrift: „Die Rettung begann an einem Sonntag!"

In diesem Artikel ging es um den rasanten Absturz der Aktienkurse, kurz nachdem die Finanzblase geplatzt war. Dieser Absturz wurde von Tag zu Tag schlimmer. Warum? Immer mehr Anleger und Institute warfen ihre Aktien auf den Markt und hofften, sie mit möglichst geringen Verlusten noch zu verkaufen. Immer mehr Aktien wurden angeboten und immer weniger wollten Aktien kaufen. Und so fiel der Kurs und fiel und fiel. Und er wäre vielleicht ins Bodenlose gefallen – wenn, ja wenn den Händlern nicht auf einmal ein Sonntag verordnet worden wäre.

Denn am Sonntag passiert ja das, was in der Finanzwelt ganz unüblich ist: es passiert nämlich nichts - einfach nichts. Die Börsen haben geschlossen, niemand kann mit Aktien handeln. Und so hatten an jenem Sonntag alle Zeit, nachzudenken, zu überlegen, wie es jetzt weiter gehen sollte.

Als am Montag die Börsen wieder öffneten, war zwar die Weltwirtschaftskrise noch lange nicht vorbei, aber der Absturz der Aktienkurse ging nicht weiter. Die Zäsur war gesetzt. „Die Rettung begann an einem Sonntag".

Manchmal beginnt am Sonntag auch eine andere Art von Rettung. Bei mir zum Beispiel: Wenn mir die Arbeitswoche so viele Probleme macht, dass ich kaum noch weiß, wie ich die bewältigen kann. Meistens versuche ich mein Arbeitstempo zu erhöhen. Aber das hilft oft nicht – im Gegenteil.

Oft ist am Abend der Schreibtisch nur noch voller und die Probleme sind auch nicht weniger geworden. Und das würde wohl so weitergehen, käme da nicht diese verordnete Zäsur, der Sonntag. Käme da nicht Gott, der mir sagt: Sechs Tage sollst Du arbeiten, am siebten aber sollst Du ausruhen.

Manchmal kommt die Rettung auch bei mir an einem Sonntag. Wenn mal nichts passiert. Und ich in Ruhe meine Gedanken sortieren kann. Dann entstehen im Gespräch mit anderen und mit Gott wie aus dem Nichts ganz neue Perspektiven.

Nicht nur für die Börse, auch für mich selbst stimmt der Satz: „Die Rettung begann an einem Sonntag". Ach ja, Gott sei Dank – morgen ist wieder Sonntag.

„Dem anderen eine Chance geben"

Freitag, 20. Februar 2009

„Mein Küster trinkt wieder", mein Kollege ist ziemlich aufgebracht und meint: „Ich glaube, es war ein Fehler, dass ich mich auf das mit ihm eingelassen habe".

Ich erinnere mich: Vor gut zwei Jahren war ein Mitarbeiter des dortigen Arbeitsamtes auf ihn zu gekommen. „Sie suchen doch einen neuen Küster, ich hätte da jemanden für sie. Er hat schon als Küster gearbeitet, bekam dann jedoch ein Alkoholproblem. Aber jetzt hat er sich wieder gefangen, trinkt seit Monaten nicht mehr. Können sie ihm nicht eine Chance geben?"

Mein Kollege ließ sich von dem Angestellten überzeugen und stellte den Mann ein. Am Anfang lief auch alles ganz prima. Aber dann kam ein Rückfall. Und jetzt ist er tief enttäuscht. Denn er hat ihm eine Chance gegeben. Und er hat die Chance vermasselt.

Ich könnte gut verstehen, wenn er ihm jetzt kündigte. Welcher Arbeitgeber kann es sich leisten, Leute mitzuschleppen, die immer wieder zur Last fallen.

Und doch. Wie hat Jesus sich in solchen Fällen verhalten? Was hat er gemacht, wenn ihn jemand enttäuscht hat? Da ist zum Beispiel Petrus. Was für eine Chance hat ihm Jesus damals gegeben. Er war ja nur ein einfacher Fischer! Und Jesus hat ihn zu seinem Jünger berufen. Er hat es ihm zu getraut: „Du wirst ein Menschenfischer werden". Aber Petrus hat ihn immer wieder enttäuscht. Oft hat er den Mund zu voll genommen, hat Dinge versprochen, die er nicht halten konnte. Besonders damals, als Jesus verhaftet wurde. Da hat er doch schlicht geleugnet, je etwas mit Jesus zu tun gehabt zu haben. Was für eine Enttäuschung! Und wie geht Jesus damit um?

Wir erfahren es in der Bibel. Sie erzählt, wie Jesus nach seiner Auferstehung noch einmal dem Petrus begegnet. Jesus erinnert den Petrus an seinen Verrat, aber auch an seine Berufung damals, ganz am Anfang. Und dann bittet er Petrus, weiterzumachen, er gibt ihm trotz allem noch einmal eine Chance. Er soll sogar eine führende Rolle einnehmen.

Wir haben lange miteinander gesprochen – mein Kollege und ich. Und wir haben uns gefragt: Wenn Jesus dem Petrus immer wieder eine Chance gegeben hat, sollten wir da nicht etwas mehr riskieren? Auch wenn es schief gehen könnte? Sollten wir da nicht etwas mutiger sein?

Kurz und gut: Mein Kollege will es jetzt noch mal mit seinem Küster versuchen. Denn der ist doch eigentlich ein klasse Kerl. Würde Jesus jedenfalls so sagen.

„Ich bin mehr als die Summe meiner Taten“

Donnerstag, 19. Februar 2009

„Ich führe ein Doppelleben“, schreibt der Angestellte einer großen Firma. „Bei der Arbeit habe ich viel mit Kunden zu tun, da trage ich Schlips und Anzug. Am Wochenende aber ziehe ich Lederweste und mein schwarzes Harley-Davidson-T-Shirt an.“ Und eine Hausfrau aus Berlin-Kreuzberg meinte „Wäsche waschen und die Wohnung putzen – das mache ich am Samstag, denn am Sonntag soll alles schön aussehen. Wir gehen in die Kirche. ... Ich ziehe ein schönes Kleid an oder eine weiße Bluse, mein Mann und meine Söhne tragen Hemd und Anzug. So fühlen wir uns feierlich.“

Sich feierlich fühlen- das geht mit Harley-Davidson-T-Shirt oder weißer Bluse. Bei beiden schwingt der Wunsch und die Sehnsucht nach „mehr“ mit: Ich bin mehr als der Angestellte mit dem perfekten Anzug. Ich bin mehr als die Mutter, die Wäsche wäscht und die Wohnung putzt.

Ich bin mehr als das, was ich jeden Tag arbeite, mehr als das, wofür ich gut und nützlich bin.

Die Bibel sagt: Ja, wir sind alle mehr. Wir sind Geschöpfe Gottes, sein Ebenbild. Und deshalb haben wir diese Sehnsucht nach mehr, nach einem Leben in Fülle und Freiheit.

Und daran erinnert uns immer wieder neu der Sonntag. Denn als Gott die Welt erschuf, erzählt die Bibel, hat sogar er nur sechs Tage gearbeitet und am siebten geruht.

Und so gilt das auch für uns: sind wir doch Gottes Ebenbild. Aus seiner Fülle und Freiheit dürfen wir leben, brauchen uns nicht mit dem zufrieden geben, was unter der Woche im Alltag so läuft. Sind wir doch mehr als die Summe dessen, was wir täglich schaffen und zustande kriegen.

Sich daran zu erinnern, dabei hilft auch schon mal so ein Harley-Davidson-T-Shirt oder die weiße Bluse, die man sonst nicht im Alltag trägt.

Für mich ist es eine besondere Krawatte, die ich mir extra für den Sonntag gekauft habe. Sie ist knallrot. Jeden Morgen in der Woche, wenn ich mich anziehe und die Tür vom Kleiderschrank öffne, fällt mein Blick auf diese Krawatte.

Dann freue ich mich, dass bald wieder Sonntag ist. Und dass ich mehr bin als die Summe meiner Taten, nämlich Gottes Kind und sein Ebenbild. Aus seiner Fülle darf ich leben – auch heute an einem ganz normalen Donnerstag.

Printed by Books on Demand GmbH, Norderstedt / Germany